JN186579

平成山椒太夫

姜 信子 著
屋敷妙子 絵

せりか書房

平成山椒太夫

あんじゅ、あんじゅ、さまよい安寿

目次

平成山椒太夫 あんじゅ、あんじゅ、さまよい安寿（姜信子）
津和野編 8
四天王寺編 34
上越高田編 42
上越あやかしの旅編 56
佐渡編 90
津軽編 116
福島編 144
「さまよい安寿」原画展（屋敷妙子） 170
トーク編 さまよい安寿の世界へようこそ 202
（姜信子／屋敷妙子／森澤真理）

資料編

解説（姜信子）　224

能「婆相天」　226

説経祭文　薩摩若太夫正本「三庄太夫　船離段～宇和竹恨之段」　236

越後瞽女段物　祭文松坂「山椒太夫　舟別れの段」　247

佐渡文弥人形台本「山椒太夫　鳴子引きの段」　257

あとがき（姜信子）　262

平成山椒太夫

あんじゅ、あんじゅ、さまよい安寿

姜信子

津和野編

森鴎外の墓

1　靴を脱ぐ

今度の旅は闇をくぐる夜行の旅ではじめよう。明るい昼には明るい闇をくぐって歩いていこう、五百年も千年もの昔から物語を語って運んで、〈語り〉という遊芸の闇の道を歩いて消えていったあの人たちのように、私も物語を追いかけて、先の見えぬ闇へと彷徨いでよう。そんな心で、もう午後十時だというのに人々が盛んに飲み込まれ吐き出される東京駅、師走です、じんじんと冷える夜です、せめて暖色の緑の外套の襟を立てて、九番ホームからひとり、乗客もまばらな寝台列車に乗り込んだのです。

寝台で靴を脱ぐ。ふと思う。いま「山椒太夫」といって、どれほどの人がわかるのかしら。「安寿と厨子王」といえば、ぎりぎり私と同年代、昭和三十年代生まれくらいまでなら、か

ろうじてわかる？　昭和三十二年生まれの私の姉は、子供の頃に東映アニメの「安寿と厨子王丸」を見た、きれいな絵だったと、うっとり思い出しもするけれど、私が確かに覚えているのは母が買ってくれた童話「あんじゅとずし王」で、それはもうほんの六、七才の頃に繰り返し読んで、そのときに心に落ちた影がひとつ、ずっと不穏なざわめきを私のうちに残しているのです。童話の中の安寿は越後の直江の浦で人買いにかどわかされて、母と生き別れて、弟・厨子王とふたり丹後の国の山椒太夫の奴婢となって、いじめられて、苦しめられて、ついには弟を京の都に逃すために我が身を捨てて、沼に身を投げる、そのときに残されていた一足の草履、そう、沼のほとりに主をなくした草履がぽつんとね……。

靴を脱ぐ私は、草履を脱いでいずこかに消えていった安寿の行方を思っている。いままで私が生きてきたその道のりで、路上にぽつんと投げ出されている靴を見るたびに、私は安寿を思ってきた。ひっそりとこの世を彷徨うちに、ひっそりとこの世から消えて、主のない靴ばかりを残した者たちを想

寝台列車

っては胸を騒がせた。あんじゅ、あんじゅ、夜の闇をゆく今度の私のこの旅は、裸足のさまよい安寿を追いかける旅なのです。

寝台列車は早朝には岡山に、岡山で新幹線に乗り換えて新山口、新山口からは特急列車で津和野を目指す。津和野は森鴎外の生まれ故郷です。鴎外は、遊芸の民が語りついできた説経節「さんせう太夫」を下敷きに、大正四年に『山椒大夫』を書きました。説経節では、厨子王を逃した安寿は山椒太夫の三男の邪慳なる三郎に責め殺される。近代人鴎外はそれを近代的に書き換える。安寿は近代へと向かって草履を脱ぐ。

2　闇を払う

新山口から津和野へと、列車は六つのトンネルをくぐっていく。たった二両の特急列車が日本海側へと市街地を離れてゆくほどに左右に前後に深い緑の山が迫ってくる。ああ、この緑……、いつか京都から丹後由良へと向かう列車の窓から見たあのうら寂しさを私はじーんと思い出します。丹後由良には、説経節「さんせう太夫」の中で山椒太夫にいじめぬかれた安寿と厨子王を守って傷ついた身代わり地蔵が今も祀られている。

説経節「さんせう太夫」はその語り手・聞き手たちともに、どうやら物語と現実のあわいを超えて道から道へ、口から口へと広がっていったようで、しかも、そのとき、その土地で、さまざまな語り直しが施されもしたようで、たとえば直江津には安寿と厨子王とその乳母の姥竹の供養塔、佐渡には畑野と鹿野浦に安寿塚、達者に安寿地蔵堂、津軽の岩木山には姥竹が石に化したという姥石がある。高田瞽女の山椒太夫、佐渡の盲僧ぼさまの山椒太夫、津軽イタコの「お岩木様一代記」のあんじゅが姫の物語もある。直江津が舞台の謡曲「婆相天」、説経祭文「三庄太夫」、文弥節「山椒太夫」、浄瑠璃「由良湊千軒長者」、これも説経節「さんせう太夫」の親類縁者たち。

つくづくと思うのです。物語の力とは、繰り返し語られる力、現世を生きる人々の痛み苦しみ哀しみを集めて、その思いの強さのあまりに語り壊される力、そして新たな物語を呼び出して生きてゆく人間たちとともに生きてゆく力。人間とともに生きて死んでまた生まれ変わる、そんな物語をいま私たちは持っているだろうか、そんな物語を語って聞いて命を吹き込む道や辻や場はあるのか、いったいどうしたことか、いまや私たちが生きるこの世の物語は天からかどこからか降ってくるばかりではないのか、遠い昔より私たちが生きているこの足元から、この地べたから生まれては旅に出て、旅路の人と人との出会いのなかで命を吹き込まれ、育まれていった物語たちはひっそりとどこに息を潜めている？

津和野へとトンネルをくぐるたびに列車は一瞬の闇に包まれます。そして私は物語とは人間の闇の中から生まれくるものなのだということをしみじみ想い起こしている。琵琶法師、説経語り、盲目のぼさま、瞽女、イタコ……、道ゆく物語の担い手たちの見えない目が観ていた現世、肌で感じていた人間たちの命の哀しみ。

さあ、六つのトンネルを抜ければ、そこは、説経節の闇を払って近代の『山椒大夫』の物語を描きだした森鴎外の故郷、津和野です。

3　空恐ろしい

ぐるり山に囲まれた津和野の町、城山の太鼓谷稲成神社の鳥居の朱が無闇の目を射る。駅前のかまい商店で淡いグリーンの自転車を借りる。でも、ちょっと待って。森鷗外ゆかりの場所めがけて町をくるくる走る前に、これだけは話しておかねばなりません。

鷗外の『山椒大夫』は実に近代的な物語。説経節では、安寿を責め殺した山椒太夫は、因果応報、丹後の国守となった厨子王の命により、一引き引きては千僧供養、二引き引きては万僧供養、という掛け声とともに竹の鋸で首を引き落とされる。鷗外版『山椒大夫』では国守厨子王は丹後一国での人の売買を禁じて、山椒大夫も素直に従い、「この時から農作も工匠の業も前にも増して盛になって、一族はいよいよ富み

津和野駅

栄えた」。ここで無邪気に語られる自由と平等と繁栄の近代の論理は、さらに昭和二十九年、戦後民主主義を背景としつつ、溝口健二による映画「山椒大夫」において、より現実的に描かれます。つまり、いくら厨子王が運良く国守になったとしても、現実社会の仕組みに抗して丹後一国の人身売買を禁止する力などあるはずもなく、厨子王は国守の職と引き換えに力ずくでその念願を果たした結果、無位無冠無力の人間となる。そして母を探して、たったひとり佐渡へ。ところが佐渡は大津波に襲われ、海辺の村では十人の九人が流されていた……。

夢見る明治の近代の鴎外版『山椒大夫』を踏まえつつ、戦前の暗い時代をくぐりぬけて生まれた溝口の昭和の「山椒大夫」は、その芯になにか震える予感を宿していました。最後の場面に至って、私は日本の近代のほころびをあらわにした三・一一という惨禍を想わざるをえなかった。自由と平等の理想に身を捧げた厨子王と大津波を生き延びた母がひしと祈るように抱き合うそのラストシーンは、さらに、三・一一以降のある日、たまさか聞き知ってしまった実在の近代人安寿の言動が象徴するもう一つの近代の惨禍――見えない闇に対する想像力の喪失――を際立たせて、身が凍った。

自身を安寿に、大切な人を厨子王になぞらえ、遠い東北の惨禍のその凄まじさを、惨禍を免れた二人の幸せの大きさに置き換える、二人の無事は神のご加護、世界はふたりのためにと、誰の身代わりにもならなくてもよいわが身の春を無邪気に歌う平成の安寿がいたのです。その歌声は、私のうちにも響き合う何かがあるようで、想像力を失くした近代の安寿の彷徨いはますます深まるようで、私は空恐ろしい心で、安寿を近代世界に解き放った鴎外の誕生の地を訪ねたのです。

4　赤い椿、白い雪

津和野発着の列車は一時間に一本あるかないか。駅前から森鴎外旧居までは徒歩三十分、自転車なら十分、眠れぬ夜行列車でやってきた私は既に疲労困憊で、ゆるゆると自転車で小走りの速さで町をゆく。三日前の土曜日に雪が降ったばかりだ。屋根から雪のしずくが、ぽとん、ぽとん、耳を打つ。小京都津和野もさすがに十二月の平日では閑散として、名物の川の鯉も寒すぎて動きやしない。暖を求めて入った喫茶店では手持ち無沙汰の店員のおばさんたちが「きのうは掃除機かけたけ、今日はサッサにしよう」「お正月は婆ちゃんのデイサービスが休みじゃけ、どこにも出られんのじゃ」云々、ふたたび自転車を漕いで人気のない路地に入ればそこはシルバーゾーンで、小さなお婆ちゃんが家の前の側溝の鉄の蓋をずらそうと奮闘中なのでした。

町の中心、観光情緒の殿町通りに舞い戻れば、小ぶりに立派なカトリック教会に引き寄せられていく。ゴシック様式の内部は畳敷き、郷に入れば郷に従うその風景は、瓦葺きの天草の教会を連想させもします。教会堂の脇には、幕末から明治にかけての切支丹大弾圧の歴史を伝える展示室。

そう、それは一八六五年のことでした。幕末の長崎、浦上にフランス寺と呼ばれた大浦天主堂ができると、四千人以上の隠れ切支丹が徳川二百五十年の沈黙を破って姿を現した。彼らは西日本の諸藩に流配となり、津和野には老若男女一六三名が流されてきた。そして改宗を迫られて、最初は穏やかな説諭の、後にはむごい拷問の日々を送ることになるのです。当時の津和野は藩をあげて神道研究が盛んで、神道の力で改宗させてみせるとタカをくっていた。二百五十年の闇に潜んで親から子へと命を受け渡すようにして伝えられてきた信仰の重さには思い至らず、それどころか切支丹たちが夕べの祈りをはじめようとすると、藩の役人たちは怯えて刀

長崎・大浦天主堂
信徒総流配五十周年記念
信仰の礎

を引き抜き、「皆を祈り殺すのか」と、切支丹をまるで妖術使いのごとく扱いもしたというが、今は先を急ぐ。ともかくも、めざすは鴎外旧居！

自転車は殿町を走り抜け、津和野川を越えてゆく。橋を渡れば殺風景な舗装道路だ。石州和紙の看板が目立つあたりでくっと右折。「此辺は屋敷町で、春になっても、柳も見えねば桜も見えない。内の塀の上から真赤な椿の花が見えて」と鴎外は『ヰタ・セクスアリス』に書いている。なるほど、たどりつけば、こぢんまりと、かつての津和野藩典医の質素な家。裏庭に赤い椿、残雪の白。一八六二年、この家で鴎外は生まれた。

森鴎外旧宅

5　落ちる

説経節「さんせう太夫」では、丹後由良の山椒太夫に奴婢として買われた安寿と厨子王は、ひたすら逃げることを考える。山に柴刈に行く厨子王に安寿が言う。「姉に暇を乞わずとも、山からすぐに落ちさいよ。落ちて世に出てめでたくば、姉が迎いに参らいよ」。山からそのまま逃げよ落ちよと言われた厨子王が安寿に言う。「このことを太夫が一門が聞くならば、さて身はなにとなるべきぞ。落ちたくば、姉御ばかり落ち給え」。姉が落ちよ、弟が落ちよのこの押し問答を太夫の三男、邪慳なる三郎に聞かれてしまった恐ろしさ。いたわしやな、三郎は安寿の額に真っ赤に焼けた焼金をじりりじっと十文字に押し当てる、厨子王はあまりのことにちりりちりりと心も落ちる。落ちる、落ちる、こんなふうに説経節は同じ言葉を繰り返し使います。逃げるも「落ちる」、気を失うも「落ちる」、拷問の場で口を割れと言うのも、「落ちよ、落ちよ」。語り手が、ちりちりり、じりりじっと、落ちる、落ちると繰り返すうちに、だんだん意味がずれていく、口から耳へ、人から人へ、声だけがたよりの語りの道ならではの言葉遊びの妙味がそこにはあるのです。

しかし、言葉で遊んで、話はむごい。遊びにむごさが際立ちます。

折しも時は大晦日。山椒太夫は十文字に額を焼かれた安寿と厨子王を笑いものにしたうえに浜辺に放り出す。松の木の湯船をひっくり返したその下に押し込んで、「食事もくれるな、ただ干し殺せ」、飢えて震えて年を越せ。

さても、山椒太夫には邪慳なる三郎の他にも慈悲の二郎、太郎をはじめ、五人の息子がいるのですが、慈悲の二郎の助けと身代わり地蔵の守護のおかげで、安寿と厨子王は生き延びて、ついに厨子王は京へと落ちてゆく。厨子王を逃がした安寿は十二段の登りはしごに縛りつけられて湯責め水責め、弟を山より落としたな逃がしたな、さあ白状せよ、落ちよ、落ちよ、三つ目錐で膝の皿をからりからり痛めつけ、大団扇で火を熾し、「熱くば落ちよ、落ちよ落ちよ」、正月十六日にたった十六歳で安寿は責め殺される。

焼金に干し殺し、湯責め水責め火責め、これは鴎外版『山椒大夫』では非近代的と落とされた場面です。でもね、思い出してもみてください。幼い鴎外が暮らした津和野では、文明開化のちょうどその頃に、転べ転べ改宗せよと切支丹への拷問が繰り広げられていた。そしてもうひとつ思い出されること、実は鴎外版『山椒大夫』では、鴎外がそっと物語の外に落とした男がいるのです。

寛文七年板　さんせう太夫
安寿水責めの図

6　しんしんと

冬の平日の陸の孤島のような津和野では、森鴎外の生家も、その隣の立派な鴎外記念館も、石州和紙の土産物屋も、私ひとり。日本に黒船が来て、やがて宣教師たちも堂々とやってきて長崎の浦上に天主堂を造って、そんな時代に長い沈黙を破って切支丹であることを明かして、長崎から津和野に流されてきた切支丹たちの殉教碑を探して、木々迫る峠の小道をのぼってゆく、熊出没注意のその峠道も、寂しくも恐ろしいことに、私ひとり。

仙右衛門を頭とする二十八人の切支丹が津和野へと流されたのは慶応四年（一八六八年）七月、この年の九月には元号が明治に変わる、まさに文明開化のはじまりの混沌の中の出来事でした。翌年にはさらに一二五名が津和野に流され、改

峠道

宗を迫る過酷な拷問の日々に投げ込まれた。

着の身着のまま、雪深い冬も獄舎とされた寺には火の気もなく、食べ物もろくにない、（落ちよ転べよ改心せよとは、役人たちの執拗な声）、路上に十字に置いた杉の丸太に裸でくくりつけて見せしめにする。鞭打つ、鞭で鼻や耳をえぐる、（落ちよ落ちよ、異国の教えなど棄ててしまえ）、手のひらに油をたらしてジリジリ燃やす、吹きさらしの身動きもならぬ三尺四方の牢に押し込める、大雪の氷の張る池に裸で投げ込む、ザアザアとひしゃくで池の氷水を頭から浴びせる、（落ちよ落ちよ、天皇様のご規則に従わぬか、教えを守らぬか）、凍った体をいきなり火であぶる。

死者四十一名、うち改心を拒んだ殉教者三十六名。幼きはほんの三歳、最年長は七十五歳。三尺牢拷問で息絶えた三十二歳の安太郎は、こんな言葉を残しました。「毎夜、九つ時（十二時）から夜明けまで、きれいな聖マリア様の御影に見えるようなご婦人が頭の上に顕れてくださいます」。切支丹のマリア観音。それはまるで「さんせう太夫」の物語の

安太郎とマリア像

中で安寿と厨子王の苦しみに寄り添う〈身代わり地蔵〉のよう。どんなにいたぶられても、けっして落ちぬ、抗う魂のよりどころ。乙女峠と言うんです、切支丹たちが責め苦の日々を過ごしたその場所は。津和野駅の背後の山の渓流沿いの急な細道をハアハアとのぼって十分ほどのところです。

一八七三年、切支丹たちは許されて長崎に戻りました。このとき鴎外は十一歳。その前年に津和野を出て、二度と帰らなかった。切支丹たちのことを語ることもなかった。

でもね、落ちよ落ちよと責める声、苦しみに抗う呻き声は、小さな津和野城下にしんしんと、鴎外こと小さな林太郎にもしんしんと染みいったはず……。

乙女峠マリア聖堂　殉教碑

7　骨抜き

一八七二年、十歳の森林太郎は津和野から東京に向かった。この年は国民皆兵の徴兵令が出された年だ。大日本帝国が西洋列強のように近代戦もできれば植民地も持てる国家へと、また一歩、足を踏み出した年だ。林太郎はやがて軍医森林太郎として日清・日露戦争に従軍する。日清戦争前から林太郎は森鴎外として文筆活動をはじめる。鴎外は津和野を遠く離れ、戦争と植民地の日本近代の真っ只中。

一九一五年、森鴎外は『山椒大夫』にこう書きました。

「(山椒大夫の) 左右には二郎、三郎の二人の息子が狛犬のように列んでいる。もと大夫には三人の男子があったが、太郎は十六歳の時、逃亡を企てて捕らえられた奴に、父が手ずから烙印をするのをじっと見ていて、一言も言わずに、ふい

森鴎外の墓のある永明寺

と家を出て行方が知れなくなった」

　このくだりについて鴎外は『歴史其儘と歴史離れ』にこう書く。

「山椒大夫には五人の男子があったと云ってあるのを見た。就中太郎、二郎はあん寿、つし王をいたはり、三郎は二人を虐けるのである。わたくしはいたはる側の人物を二人にする必要がないので、太郎を失踪させた」

　さらに鴎外はこんなことも『歴史其儘と歴史離れ』に書く。

「伝説が人買の事に関してゐるので、書いているうちに奴隷解放問題なんぞに触れたのは、已むことを得ない」

　これは、説経節「さんせう太夫」の山椒太夫一族の見るも無残な結末を、権力者となった厨子王の奴隷解放という善政によって皆が幸せ、経済発展、万事めでたしに書き換えたことを指している。

　太郎を消して、物事をアレとコレ、善と悪、二郎と三郎に切り分ける。そこに鴎外のいかにも近代的な二項対立の発想を見るのは立命館大学の西成彦さんで（私は西さんの『胸騒ぎの鴎外』を実に面白く読んだ）、さらに西さんは、素晴らしき「奴隷解放」を謳う鴎外版『山椒大夫』の結末を「いかにも近代人らしい」と語るのです。当時、植民地での奴隷解放は西洋列強にとっての緊急の課題で、近代人鴎外はそのことも意識していたのだろうとも。

説経節「さんせう太夫」。かつて虐げられし民は、道ゆく「語り」に抗う魂を潜ませた。鴎外版『山椒大夫』。虐げられし民は戦わずして、時の権力者の温情溢れる改革に救われる。骨抜きにされる「語り」。物語の近代化。

なるほどねぇ、私はうなずいて、まるで「さんせう太夫」のような凄惨な拷問を切支丹が受けていた津和野をあとに、明治国家で立身出世、死ぬまで帰郷しなかった近代人鴎外を想います。「さんせう太夫」からふいと飛び出したきり行方不明の太郎を想うのです。

8　長い道

津和野の町は、どの家の前にも川が流れている。と書いたのは、画家の安野光雅。津和野の生まれです。小学校の講堂には、森鷗外だの、西周など十幾人もの肖像画がかかっていたが、その頃は、鷗外が、あれほど偉大だとは知らなかった、と語る安野さんの美術館が津和野駅前にある。

夕刻の津和野発の特急電車が出るまでの一時間を安野光雅美術館で過ごしました。ちょうど「繪本　仮名手本忠臣蔵」の原画展をしていた。かつて津和野には錦座という芝居小屋があって、旅回りの一座がやってきたとかなんとか、そんな思い出話が書かれたパネルを眺めてしみじみ、やがて心が遠いところへ漂いだす。

安野さんと言えば、必ず思い出されることがあるのです。

終戦直後のバスの停留所。なかなか来ないバスを待つ安野青年と朝鮮人の老婆。安野青年は老婆と言葉を交わすうちに、ふっと嘘をつく。父は日本人、母は朝鮮人だと。お近づきのしるしのような嘘。すると老婆は喜んで、カタコトと日本語でこう言った。「ヒトリ　ダマリノミチ　ナガイ／フタリハナシノミチ　ミジカイ」。バスが来なかったら、二人で話して歩いて行こうと。しかしバスは来た。すしづめ満員バス。安野青年は無理やり乗り込む。老婆はあとに残される。

妙に心を揺らす話です。ふっと一瞬近づいて、容易に近づきえない魂は、長い道を独りゆく。長い道の沈黙のうちには独りゆく者らの無数の物語。

この安野光雅の話を、私は安野の友人であった詩人村松武司の本で知りました。村松は植民地朝鮮の生まれ育ちで、つねづね、取り返しのつかぬ思いを込めて、日本の近代化は弱いもの遅れたものを切って捨てることによって辛うじてもたらされたのだと語っていた。切り捨てられた弱き者の象徴的な存在こそがライ、つまりハンセン病なのだとも村松は言った。

私に村松のことを教えたのは、ハンセン病療養所で出会った老詩人です。彼は幼い頃に聴いた瞽女唄「信太妻」の話も私にしてくれた。「信太妻」とは、もともとは五大説経節の一つといわれる物語、私がいま追いかけている安寿の「さんせう太夫」も五大説経節、そもそも説経節は、人ならぬ人を語り、虐げられたる奴隷を語り、癩を語り、それを語る者自身もまた人ならぬ人の道をゆく者であったりもした。

さあ津和野を出よう、というそのときに、安野さんからつながって、またつながって、近代人鴎外が切り捨てた「語り」の道が不意に目の前に現れたような、津和野から長い道がはじまっているような……。

四天王寺編

四天王寺　西門

9　なおいっそうの哀しみ

私は語り部、名は安寿。古き昔の説経の「さんせう太夫」の世界から、森鴎外の筆で近代世界へと解き放れて、あなたこなたをさまよって、この平成の世を生き惑う者です。さまよう私は、ほろほろ桜散る春の大阪の暁の宿で寝つけぬまま、四天王寺のほうへと漂いだす。前夜、同じ大阪の天満橋でのある集いで聞いた不穏で不吉な話を反芻しながら、人もまばらな天王寺駅前から跨線橋を渡り、じっとり小便臭い高架下トンネルをくぐり、人の名残りの生臭さにひくひく鼻をうごめかせる。車いきかう玉造筋、南堀河、北堀河、空にくっきり朱の輪郭を描いて聳え立つ五重塔、四天王寺南門へとさしかかれば、ジャージ姿でお寺参りのおばちゃん二人連れが、「金」だの「色」だの、あたりかまわずきわどい噂話。ああ、

四天王寺西門側境内

人というのはホントに生臭い生き物だね、でも、この厄介な生臭さが命のにおいなんだろね……。

で、胸騒ぎの前夜の集いの話です。そこでは、みずからの生の物語を失った者たちのことが語られました。みずからの身の丈の命の物語を見失った者たちは、他の誰かが差し出す「大義」とか「名分」で飾られた夢物語にしがみついて、ついには魂も抜かれるという話でありました。しかも、その無惨な風景は、三・一一以降、今や燎原の炎のように広がりつつあるのだと。

たとえば、大阪・鶴橋・コリアンタウン。ここには愛国の大義を唱えて、「良い韓国人も悪い韓国人も韓国人は皆殺し」と真面目に叫ぶ者たちが集団でやってくる。彼らの言葉は、近頃の流行りの言葉で言うならば「ヘイトスピーチ」、憎しみの言葉、相手の心も命もずたずたにする言葉です。

この血走った憎しみは、いったいどうしたことだろう。深々と憎しみの底を覗いてみれば、この世に居場所を持たない独りぽっちの哀しみがしんしんと。ひと皮むけば、彼らもまたさまよえる者、彼ら自身がすでにずたずたの瀕死の命のようなのです。

そんな命の哀しみ憎しみをすくいあげて、誰か何かとつながっているような、生きる証を見つけたような心持ちにさせてくれる罪深い物語がこの世にはある。捨ておかれた哀しみを喰らって育つ憎しみは、「国家」やら「民族」やら大きな話を「大義」でくるんだ無味無臭の物語になぜだか無闇になついて、数珠つなぎにされていく。人間世界を上から見おろす不遜な眼差しで語られる大きな物語、大きな言葉、大きな声に、命ごとからめとられる人間の、なおいっそうの哀しみ……。

だから、いまいちど、生きてゆく命の生臭さに満ちた物語を、地べたから、道の上から、この世の果てから、ささやく声で。健気に願う語り部安寿のさまよう心はひたすらに四天王寺へ。四天王寺でなければならぬ。それには深いわけがあるのです。

10　物語うまれいづる

　とおりゃんせ、とおりゃんせ、大日本佛法最初の地、大阪四天王寺西門は、極楽への通り道。西門からさらに西へとのびる参道の入口には石の鳥居。その扁額を読み上げれば、「釈迦如来　転法輪処　当極楽土　東門中心」、ここはお釈迦様が仏法を説く処、極楽の東門の中心である。つまりは、この世の西の果てはあの世の東の果てで、西門と石の鳥居を結ぶ参道は、あの世とこの世がいりまじる、あの世の者でもこの世の者でもない者たちの棲みかなのです。

　そもそも四天王寺は聖徳太子の創建である。太子は寄るべない病者、癩者、乞食を守り慈しみ癒したという。なむあみだぶつ、なむあみだーぶつ、時は下って鎌倉時代、踊念仏の一遍上人が、念仏さえ唱えれば、浄不浄をきらわず信不信を

四天王寺　石の鳥居

問わずだれもかれも極楽往生と、念仏を記したお札を配ったのも四天王寺西門でのこと。

ほら、国宝「一遍上人聖絵」を見てごらん、参道脇には乞食小屋が立ち並ぶ。乞食のなかには病者もいる。石の鳥居の脇にも物乞いの姿。物乞いのなかには竹のささらで拍子をとって物語りする説経語りもいることでしょう。異例と呼ばれた癩病ゆえに世捨ての遊行の民となった者もいることでしょう。四天王寺のこの世とあの世のあわいの参道は、この世のはずれ、浮世の理不尽を身に受けて地べたに生きる者たちの物語うまれいづる場でもあったのです。

ほら、耳を澄ませてごらん、えいさらえい、ささらを鳴らして、説経語りが物語るは「山椒太夫」。姉の安寿をあとに残し、丹後由良から落ちのびた厨子王のその後の行方を申すなら、追っ手を避けて、小さな皮籠に入れられて、命の恩人国分寺のお聖に背負われて、京のはずれ七条朱雀権現堂まで運ばれたはいいが、何の因果か足は萎え、顔は異例のように様変わり、あらいたわしや、厨子王は土車に乗せられて、宿から宿へ、村から村へ、道ゆく善男善女が次から次へ、一引き引きては千僧供養、二引き引きては万僧供養と、土車を四天王寺に送りとどける。厨子王、ひしと石の鳥居に取りついて、えいやっ。聖徳太子のご霊験で見事に立ち上がる、……。

説経節「信徳丸」で、継母の呪いで癩者となった信徳丸が父によって捨てられるのも、許嫁の乙姫によって救われるのも四天王寺、同じく説経節「小栗判官」で、地獄から地上に腐れた体のまま送り戻された小栗が、よみがえりの熊野の湯へと土車で引かれてゆくその道ゆきで、一引き引きては千僧供養と車を引く衆生が祈りを込めて立ち寄るのも四天王寺。

今は昔、語る者も語られる者も、生と死と、夢とうつつと、光と闇と、虚と実の境に身を置いて、理不尽まみれのこの世の道をえいさらえい、語るも聴くも生臭い命の物語を孕む、四天王寺。

上越高田編

妙国寺・山岡神霊位

11　盲人の領分

その日、私は、夜明けとともに横浜を出て、東京、長野、妙高高原、まだまだ白くまだらに雪の残る信州の山なみを、がたんごとんと目に刻みつつ列車に揺られて高田にたどりついたのは、お昼過ぎ。高田といえば、瞽女の町です。高田瞽女といえば、上越ゆかりの祭文松坂「山椒太夫　舟別れの段」。これは、かつての直江の浦、いまの直江津港あたりで人買いにかどわかされた安寿と厨子王と母君と乳母の、海の上での涙、涙の生き別れのくだりですね。まことにいたわしいことに、安寿と厨子王は丹後由良へ、母君と乳母は佐渡へと売られてかくかくしかじか、などと今は悠々語っている暇はなく、平成のさまよえる安寿の心持ちで旅ゆく私としては、瞽女ゆかりの、つまりは安寿ゆかりの高田の町に降り立っただけで、もう、そわそわ落ち着かない。

うん、まずは、瞽女が信仰した音曲の神・弁天様の天林寺に行かねばなるまい。いや、その前に、日本最古の映画館、大正浪漫の世界館だろう。そこでは、この日、佐渡の猿八座が人形浄瑠璃「山椒太夫」を上演するという。しかも、この佐渡ゆかりの文弥節の「山椒太夫」には、きわめつけの理不尽シーンがある。

そもそもが、母と子が売られて海の上で生き別れるだけでも十分に理不尽、そのうえさらに佐渡に売られた母君は、安寿恋しや、ほうやれほう、厨子王見たや、ほうやれほう、と泣きに泣いて目がつぶれるという、理不尽の上塗り。さらにさらに、ようよう鬼のような山椒太夫のもとを逃げ出して、母を探して佐渡にやってきた安寿は、なんと盲目の母が打ちおろした鳥追い棒に打たれて死ぬという、理不尽の重ね塗り。

母君は目がつぶれるほどに安寿に会いたかったのにねぇ、いくらなんでも、盲目の鳥追いをなぶる島の性悪な者どもと間違えて、かよわい安寿をメッタ打ちにするなんてねぇ。

日本最古の映画館、世界館の入口

「めくらの打つ杖、とがにはならぬ」

そのとき母君はそう叫ぶ。さても、この言葉は実に意味深長。けっして母君の怒りにまかせた思いつきの叫びなどではありませぬ。実際、江戸時代には盲人の杖の届く範囲、直径七尺のぐるり一周は幕府公認の「盲人の領分」、たとえ綱吉公のお犬様の時代だって、「盲人の領分」で犬が杖で突き殺されても、それは犬が悪い、ましてや人間など……。

座頭、ぼさま、瞽女、説経語り、旅する盲目の語り部たちの、杖を頼りのその歩みは、せめて「盲人の領分」に守られ、闇に包まれ、闇は「物語」を孕み「歌」を孕んで、そこに道があるかぎり、闇を伝って「語り」の旅はつづく。

「めくらの打つ杖、とがにはならぬ」

つまりは、これは、旅ゆく盲目の語り部自身の言葉でもある。そんな彼らの語りの道は、いったいどこまで、いつまで、のびていたのか？　と、世界館で問うたところで、字数が尽きた。

12　闇の知らせ

瞽女の町、瞽女も語った「山椒太夫」ゆかりの高田の町には女三人連れでやってきたのです。一応、道案内役は新潟生まれのきゃさりん（ちなみに日本人）。ついて歩くは、横浜生まれの絵描きのうーの（これも日本人）、同じく横浜生まれの物書きの私（日本生まれの韓国人）。この三人を結ぶのは、やくざな稼業で身過ぎ世過ぎ、この世のはずれの彷徨い人、といったことでしょうか。

三人は、さまよえる安寿のような、目明きの瞽女のような心持ちで高田の町をそぞろ歩いて、やがてジャズの流れる仄暗いカフェに腰をおろし、麻疹、トラホーム、栄養失調、いったい昭和の戦中戦後のあたりまで人間はどれだけ容易に失明したことかとしみじみ語り合い、夜も家の灯りがともることのなかった盲目の瞽女の暮らしに想いを馳せた。

ある瞽女は、失明前、幼い頃に見た燃える夕陽の赫が生涯目に焼きついていた。赫い闇の中のその瞽女は、目が治りますようにと親に連れられ、高田の町から車で四十分はかかる距離を歩いて、足元の悪い山道も登って、眼病に効くお薬師さんを祀る日光山杉坪薬師にもお参りしたという。

そう、杉坪薬師に行ってごらんよ、八百年前に建てられたという暗く湿った本堂には、「め」、「め」、「め」、「め」、眼病平癒祈願の「め」という文字が書かれた何枚もの古びた奉納絵馬。あの本堂に入ってごらんよ、「め」に込められた祈りに取り囲まれて、ひどく切ない思いがするから。「め」だけじゃないよ、乳が出るようにと「乳房」の作りものだって奉納されている、人間の力ではどうにもならぬ願い事の数々が杉坪薬師には渦巻いている。

かつて、願いが叶えられると、人々は本堂の前の池に寺のお使いのタニシを放って、それから死ぬまでタニシを食べなかったんですって。その昔、本堂が火事になった時には、タニシが池からぞろぞろ出てきて本堂を覆いつくして火を消したんですって。

杉坪薬師　絵馬

信じる、この話？　私は信じます。目をつぶれば、闇の中を人間どもの必死の祈りの化身のタニシがぞろぞろぞろぞろ、人間たちの物語もぞろぞろぞろ……。

人知を超えた闇があり、必死の祈りがある。そんな闇や祈りの底から人間たちの歌や物語が生まれくる。そんな歌や物語を携えて闇を伝って旅する者たちがいる。そもそも歌や物語とは、人の世の闇に宿り、祈りによって育まれ、あの「盲人の領分」を尊ぶ道によって運ばれたのです。しかし、闇は近代の光で払われ、道は盲目の語り部の旅には向かない鉄路や車道に変わり、見えないものは存在しないものとされて、これではこの世も物語も精気を失くす。

だから、物語る者は闇をゆけ。

というメッセージを、そのとき私は確かに受けとったように思ったのです。そう、女三人、瞽女を想っていたそのとき、パーン、不意にカフェの照明がすべて落ちた。原因不明。復旧せず。そのとき高田で闇に襲われたのは、ただそのカフェだけでした。

杉坪薬師　絵馬

13　妙国寺　たぶらかす神

やまおか、やまおか、思えば、すべては山岡と呼ばれるその男からはじまったような気がしなくもないのです。かつての直江の浦、今は直江津の関川にかかっていた応下の橋で、安寿・厨子王・母君・乳母のうわ竹の四名をたぶらかし、舟で海へと連れ出して、丹後由良に安寿と厨子王、佐渡に母君とうわ竹と売り分けて、生き別れた者たちの祈りの物語を呼び出す男、人買いの山岡太夫。

説経節「さんせう太夫」、説経祭文「三庄太夫」、瞽女唄「山椒太夫」、森鷗外「山椒大夫」……、いつの時代のどの物語でも、この男は見事に人をたぶらかし、物語に息を吹き込みます。

そして、平成のさまよえる安寿たる私は、やまおか、やまおか、にっくき山岡と呪文のように唱えて、上越高田・寺町の路地をゆく。

雨が降っていました。最後の桜を散らす冷たい春の雨。なんだか私までちりちりりと散り落ちてゆくような心持。靴の中までじっとり濡れて、ようようたどりついた妙国寺。このお寺さん、胞姫《えなひめ》さんと呼ばれて、安産、子宝のご利益があると聞いてはいるが、なによりそれより、ここにはにっくき山岡太夫の墓があるという。

ほら、境内の墓地の一角に、「山岡神霊位」という額を掲げたこじんまりとした堂祠。これだこれだと覗き込めば、丸い頭に四角い体、胸の前で手を合わせる石像一体。旅人ゆきかう街道筋にちょこんと座っていそうな、ざらざらと素朴な石の神さまという風情。

これですか、山岡の墓は？　墓というより、道祖神のような石神さまじゃないですか。

寺の由緒書によれば、この石神は平安の昔より厄病除けのおこりの神様として信仰されてきたらしい。そのうえ、商売

山岡神霊位堂祠

繁盛、事業繁栄の現世利益もあるらしい。

　さてさて、石の神に手を合わせ、やまおか、やまおか、にっくき山岡、そう呼びかけて私は妄想するのです。きっと、おまえは「道」を支配した者なのだろう。海の道か、陸の道か、いずれにしても、富も病も魔も神も歌も「道」からやってくるもの。「道」を支配する者は、境を越えて、神にも魔にも通じて、モノもヒトもカネも運命も動かすもの。運命が動けば、物語が動き出すもの。

　山岡がまだ人間だった昔々、越後のある海辺の里の朝市で幼子から年寄までもが売られているのを、ひとりの旅の僧が見たといいます。僧はこの世の哀れと無常を想い、涙して呟いた。浮かばんとすれば沈み、沈まんとすれば浮かび、浮かぶも浮かぶにあらず、沈むも沈むにあらず、人の世はただ形を変えて、果てしなくめぐるばかり……。

　そうだ、やまおか、平成の安寿はゆらりゆらり妄想して石の神に告げるのです。私はおまえを果てしない語りの道の神としよう。たぶらかす物語の神と呼ぼう。

山岡神霊位

14 妙国寺 その2 脈々と千年の語り

今日も私は上越高田、裏寺町通り、妙国寺。春の嵐に不穏な心で、さまよえる安寿の来し方行く末に想いをめぐらしている。そもそも安寿が最初にこの世に姿を現したのは、「さんせう太夫」ではなく、能「婆相天《ばそうてん》」なのだという声を聞いたのです。しかも、妙国寺は「婆相天」の里であると、寺の案内に記されている。

「婆相天」？ これは、十四世紀半ば、足利尊氏と後醍醐天皇が争った南北朝時代の作という。しかも、室町の世より今に伝わる「隅田川」や「桜川」や数多の夢幻能のように、これもまた人買いが引き起こす悲劇と魂の救済の物語なのだという。しかし、まあ、どれもこれも物語の世界は人買いが跳梁跋扈、いったいどれだけ世が乱れて、どれほどの理不尽

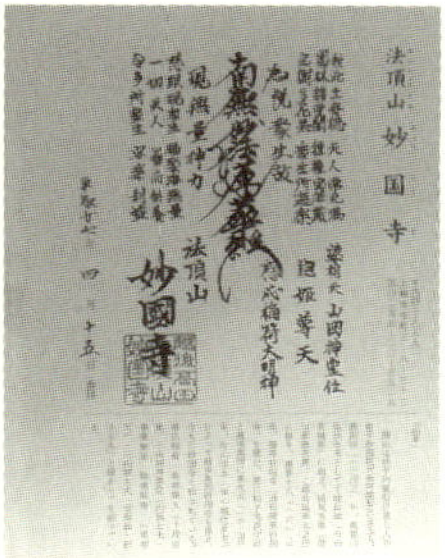

婆相天の寺 妙国寺

を人々は生きてきたものなのか。

そして肝心の「婆相天」。この古曲は五百年もの忘却の末に、二〇〇一年、上越市発足三十周年の記念に復活上演されたのでした。それも、説経節「さんせう太夫」や森鴎外「山椒大夫」のおおもとの物語として。

さて、妄想しようか。

吹きっさらしで、ちと殺風景でもあるけれど、直江津の安寿と厨子王の供養塔の立つ琴平神社あたりから、関川の河口の向こうの海をはるかに眺めわたす。「婆相天」の世界へと、室町、鎌倉、平安と、千年の時をさかのぼる。さあさあ、はるばる来たぜ、東と西が行きかう賑わいの港、交通の要の直江の津！　見てごらんよ、東からも西からも、越後の国直江の津をめざして帆をあげて、白いかもめをひきつれて、浪の上をつーっと滑るように船がくる。

この船ども、実を申さば、その目的は人買い。直江の津の「問」の左衛門は、人身売買の禁を破って、おのれの所有する奴婢のうちから、憐れなことに母子三人家族の母だけを残して、姉を東に、弟を西に売りとばす。ええ、「問」というのは、港で物を売ったり買ったり運んだり、東西南北あなたこなたの境の場所で物と銭の交通を操る者です。そして、そんな境の地では、物語もまた生れ出でては旅に出る。旅が物語を育んでゆく。

古曲「婆相天」では名前すらなかった奴婢の母子は、やがて説経節「さんせう太夫」の安寿と厨子王と母君へと姿を変える。問の左衛門は人買いの山岡太夫に変化する。無数の安寿と厨子王が理不尽な運命に囚われて、なぶられて、無数の母君が悲しみのあまり気も狂い、目もつぶれて、道に生きる名もなき者たちは観音様や身代わり地蔵に祈ったり見捨てられたり救われたり、脈々と千年の語り、道の上、ほら、人の世の理不尽を越えて無数の安寿が旅してゆく。私もあなたもそんな安寿のひとりなのではなかろうか。

山岡という名の神霊を祀るがゆえに、人買い山岡太夫とつながって、山椒太夫の物語世界へとかどわかされたらしい妙国寺で、ふっとそんなことを想ったのです。

上越あやかしの旅編

乳母嶽神社

15　なぜに「うわ竹」？

所詮、物語ではないかと、頭の片隅では思っているのです。なのに、思わずその実在を信じているかのように向かい合っているのはどうしたことか。古びたその墓の、その塚の、その塔の、その碑の下には、物語世界の人々の生身の血や肉や白骨や魂が潜んでいるかのようで、思わず手を合わせてしまう。

たとえば直江津の琴平神社の境内の片隅の安寿、厨子王、うわ竹の供養塔。たとえば佐渡の鹿野浦・畑野の安寿塚、達者の目洗い地蔵尊。たとえば丹後由良の安寿塚。あるいはこれは「道」なのだけど、安寿・厨子王一行が母君の里である福島・信夫の里から旅立って、直江の浦をめざして歩いたという「信夫の細道」……、書き出したらきりがない、でも、いずれ、これら安寿の物語が現実世界に息づくすべての地を訪ね歩こうと思っています。私は平成のさまよえる安寿なのだから、私は今の世を生き抜く物語を探す者なのだから。

しかし、それにしても不思議なのは、風が吹けば鯨が暴れているかのように海が荒れる上越の海沿いのあたりに特有のこの現象。よその土地ではひどく影の薄い人物が、ここではむやみやたらと大きな存在感を発揮する。

「うわ竹」です。安寿と厨子王とその母君に仕える侍女です。

居多の乳母嶽明神、茶屋ヶ原の乳母嶽神社。この「乳母嶽」とは、「うわ竹」なのだという。ほら、琴平神社の境内の隅に三つ仲良く並んだ供養塔を見てごらんよ。供養塔を建てるなら母子三人、安寿・厨子王・母君が自然ではないかしら。なのに、ここでは母君ではなく、「うわ竹」の供養塔。

なぜに「うわ竹」？　どうして「うわ竹」が「乳母嶽」と呼ばれて神になる？　日本じゅうを見渡しても、侍女「うわ竹」が神となるのはここばかり。

琴平神社（直江津）の供養塔

風雲急を告げる幕末の一八六四年に刊行の『越後土産』を見れば、頸城郡の「神社仏閣名所旧跡」の項に、国分寺・直江津今町湊・金谷薬師堂・親不知子不知等々に交じって堂々と「姥嶽明神」とある。そこにはこう記されている。「式内居多神社の末社なり。里人伝えて言う。昔丹後の人買船が来て今町湊にて安寿姫を買い取り行き、其乳母たけと云う女、是を聞き、慕い来たりしに、舟ははや沖に出、たけ女一念毒蛇となり、海中に飛び入り、追いかけしとぞ、其霊を祭りて居多の末社とす云々」。

この筆者、紀興之は、安寿については「世人知るところ」と説明は省略。なるほど、幕末の頃には「山椒太夫」の物語と安寿を知らぬ者はなかったらしい。紀興之がわざわざ書き留めたのは、安寿をさらっていった丹後の船への「姥嶽明神」の凄まじい怒りと祟りでした。

丹後の船が今町湊に入ると海が荒れる。毒蛇が海でずんだずんだと暴れまわる。この恐ろしくも興味深いお話は、次稿に続く。

16　今こそ思い知らせん

　さてさて、数ある「山椒太夫」の物語の中でも最も古い説経節「さんせう太夫」では、安寿と厨子王は南の船に、母君と侍女のうわ竹は北の船に、生き別れて売られていく。そのとき、なんと、うわ竹は、「賢臣二君に仕えず、貞女両夫にまみえず、二張の弓は引くまい」と、まるで武家のような忠君の言葉を吐いて、「直井の浦へ身を投げて、底の藻屑と御なりある」。

　でも、瞽女唄はちがいます。瞽女唄のうわ竹は道徳家でも、虐げられるばかりのかよわき女でもない。

　あな恐ろしや、うわ竹は、「直江が方を　はったと睨み
おんのれ憎き　山岡め　よっくもわれわれ四人を謀《たばか》りしぞえ。

女でこそあれ、うば竹が、いまこそ思い知らせん」と、燃え

あがる憤怒の心で海に飛び込むのだ。（そうそう、瞽女唄では「うわ竹」は、「うば竹」となる）。

するど、不意に遥か沖から凄まじい風。巻き起こる大波は海の底までぐんらぐんらと揺さぶって、荒ぶる白波はまるで吠えているようだ、ほら、東西南北の四海から押し寄せる波が打ち砕け散るあの辺りを見てごらんよ、額には二本の角の鬼の形相のうば竹が、浮きつ沈みつ、沈みつ浮きつ、その身は九万九千のうろこで覆われて、その眼は閃光放つ太陽か、青く鋭い月の光か、口からは真紅の舌がぬらぬらと火を吹く、熱風を吐く、うば竹は水煙をあげて、荒波を越えて、安寿・厨子王・母君を騙して売りとばして直江の津へと戻る山岡太夫を追いかける。

山岡は、佐渡の人買い舟に売っ払ったあの侍女が、恐ろしき大蛇に変化したとは夢にも思わず、はて、不意のこの大嵐は何事か……と息をひそめて舟の板子の下に潜り込む。マンザイラク、クワバラクワバラ、地震雷退散のまじないを唱えて、がながなぶるぶる震えている。おバカさんだね、山岡太夫、これはおまえが招いた災いなんだよ、おまえだけを狙って追いかけてくる祟りなんだよ、虫けらにも五分の魂、かよわき女にも劫火の心、龍の如く大蛇の如く憤怒の魂の化身となったうば竹は、たちまち山岡の舟に追いつくや、むんずとつかみかかって、舟を宙へとはねあげる。九万九千のうろこをぎりぎりと軋ませながら、舟を七重八重と巻き絞める。山岡を板子の上から血走る目で睨みつけ、角を振り立て、おんのれ、憎き山岡太夫！　逃がすものか、許すものか！

山岡は這いつくばって、うば竹様、大蛇様。いまさら命乞いとは、見苦しい、もう手遅れだよ、山岡太夫、こりゃいい売り物と、おまえがモノ扱いした女こどもも、生きることの悲しみ苦しみ痛み歓び笑い願いを胸に渦巻かせて生きる人間なのだよ、おまえなんぞ、おまえなんぞ、舟もろとも、このうば竹様にずんだずんだに引き裂かれて、底の水屑となってしまえ。

17 うわ竹は「はたた神」に

うわ竹、宇和竹、うは竹、うば竹、姥竹、姥嶽、乳母嶽……。旅する「語り」は、耳で聴いて、口伝えで人から人へ、道から道へ。「語り」のなかの人の呼び名も、その名に当てる文字も、その場その場で微妙に変わります。語る中身も変わってゆく。だって、「語り」は生き物だから。物語る者とそれを聴く者の息遣いや鼓動が「語り」に命を吹き込んで、その者たちの暮らす風土が「語り」を育てていくものだから。

だから面白いんだよ、「山椒太夫」は。数ある「山椒太夫」の語りのなかでも、直江津の沖合で大暴れする「うば竹大蛇」を実際に語ってみせるのは瞽女唄だけ。その瞽女唄のおおもとは説経祭文「三庄太夫」。そのうちの「宇和竹恨之段」に「宇和竹大蛇」は確かに現れます。しかし、祭文語りはこの

吉田屋版本 山椒太夫七（宇和竹恨之段）表紙

段を語らない。祭文の聞かせどころは、全段語れば長い長い「山椒太夫」のごく一部、佐渡での厨子王と母君との対面の段なのだ。と、教えてくれたのは平成の世の祭文語り、元の十三代薩摩若太夫で（説経祭文と言えば、江戸の昔から薩摩若太夫！）、今は人形浄瑠璃猿八座の渡部八太夫師匠です。

でもね、祭文の「宇和竹恨之段」、これがまた興味をそそるんだなぁ、とりわけ直江津の海沿いを歩きながら聴くとね。おんのれ憎き山岡！　と、宇和竹大蛇が直江津の沖でずんだずんだと山岡太夫を引き裂いて、海の水屑とするところまでは、瞽女唄も説経祭文もほぼ同じ。でも、説経祭文にはその先がある。

宇和竹の恨みは爆発的だ。そもそもは直江の浦の人々が安寿・厨子王・母君の一行に宿を貸さなかったから、悪党山岡の甘言にうかうかと騙されて、かどわかされてしまったのだ、恨みの直江津、許すまじ直江津と、宇和竹大蛇は荒ぶる「霹靂神《はたた》」となって、昼夜の別なく直江津に雨にあられに雷を降り注ぐ。逆恨みの祟りの大嵐を巻き起こす。この「はたた神」とは、説経祭文ではお馴染みです。怒れる龍神が「はたた神」になって京の都を襲ったり、不意に起こる天変地異はこの神の仕業。

さてさて逆恨みの祟りの顛末を、説経祭文はこう結ぶ。

「せめて祟りを鎮めんと、早々浜辺に祠を立て、宇和竹大明神とひとつ社の神に勧請す。昔が今に至るまで北陸道《ほくろくどう》は北の果て、越後の国、直江千軒の鎮守、宇和竹大明神、これなりし」。

あらまあ、これはもしや、居多の乳母嶽明神の謂われですか？　それとも茶屋ヶ原の乳母嶽神社？　ここまできたら、いよいよ乳母嶽様を尋ねて行かずばなるまい。昔の祭文語りたちもきっと、語りの旅の守りの神と手を合わせたに違いないよ。そういえば、その昔、直江津の大神宮さんでは祭りになると、一晩中デロデンデンデロデンと祭文をやっていたそうな。

18　茶屋ヶ原　乳母嶽神社　その1

上越は茶屋ヶ原の乳母嶽神社を訪ねるならば、あの「うば竹大蛇」の祟りを歌った高田瞽女の歩いた道をたどってみようか。

最後の高田瞽女、杉本キクイの記憶によれば、西頸城への春の旅は、高田から直江津の方へとてくてくと松の並木の加賀街道をゆく。ほら、海のざわめき、五智国分寺、郷津、谷浜、有間川。佐渡へ佐渡へと草木も靡く、安寿の母も売られていったあの佐渡が島を波のうなりに感じて、見えぬ目で眺めやって、やがて吉浦、茶屋ヶ原。旅人は砕け散る白い波のしぶきを浴びたことでしょう、ぬかるむ道に足を取られたことでしょう。

茶屋ヶ原とその先の名立の間には、海にぐんと突き出た

加賀道を歩く

「鳥が首岬」がある。そこは「西浜では最も日本海に突出した断崖の岬」。しかも、「名立」は「灘立ち」からきたという。風が吹く、海は荒海、空気も揺らぐ、「茶屋ヶ原を過ぎるころから急に海なりの音が激しくなって道が海にくっついているように思え、いくつもの坂が海沿いに続き、車が上がったり下がったりするのです」と、これは、杉本キクイがまだ瞽女になったばかりの七歳の頃に、荷馬車に乗せられて通った道の記憶です。このキクイさん、残された音源で聞く歌声は色艶がある。美人だったんですって。こんな声が春とともに歌をたずさえて険しい道をやってくる。それだけで嬉しいね、雪解けのように待ち遠しいね。

荒波を越え、谷筋を伝って村にやってくる歌を心に抱いて、私を乗せた車は茶屋ヶ原へと、海沿いの旧道からいきなりのヘアピンカーブの坂をのぼる。人影のない小道をくるりくるり、ふっと風景が開ける、畑が広がる、土の匂い。おばあちゃんがひとり、しゃがみこんで農作業中です。畑の真っ只中に携帯電話の電波塔。その脇をのびてゆく道の先は深い緑に

茶屋ヶ原　おばあちゃん

包まれて、そうか、あれが乳母嶽神社の鎮守の森だ。見てごらんよ、そろそろと車一台がやっとの細い道の端っこに、神社の幟を立てる石柱が二つ。そうか、ここから乳母嶽神社の参道だね。

おばあちゃん、おばあちゃん！　旅する私は人懐こい私です。おばあちゃんは呼ばれて、手を休めて、ぽつりぽつり思い出話。

ああ、この道を瞽女さんたちが歩いてゆくのを見たことがあるよ。よちよちと歩いていたね。昔は加賀のほうにゆくのに、この道しかなかったんだ。旅する人はみ〜んな、この加賀往来を歩いた。乳母嶽神社は旅の通り道だから、みんなが拝んだ。昔はとっても賑わった神社だったんだよ。えっ、山椒太夫？　知らないねぇ。えっ、高田から来た？　あたしは高田なんて一度も行ったことがないねぇ。

おばあちゃんは九十歳。そうね、もう少し、畑の縁に腰を下ろしておばあちゃんの話を聞いてみようか。

乳母嶽神社参道入口

19　茶屋ヶ原　乳母嶽神社　その2

茶屋ヶ原は乳母嶽神社の氏子の集落。目の前の畑には、みょうが、げんぶき、ぜんまい、あれこれ。九十歳だけどまだまだ足腰丈夫なおばあちゃんが、朝も早くから畑の草を抜いて、糠をまいて、はああ、ちょっとくたびれたな。うん、去年から猪が出てきて畑を荒らすんだ。猪はじゃがいももスイカもメロンも食いちらすんだ。ああ、そうよ、熊も出るよ。そして、あたりをぐるり見回して、このへんは雪があまり積もらないんだ、と何気なく語った言葉を、気候が穏やかな茶屋ヶ原、と受け取ったのは、この土地の風土を知らぬ旅人の早合点です。のちのち聞けば、ここは冬には雪も吹き散らされるほどの風が吹くという。下から吹き上げてくる風は秋には稲わらをしっかり乾かしてくれるともいう。海からの風に吹かれる暮らし、風に荒れる海の声を聞く暮らし、暮らしとは日常そのものだから、旅の一瞥では計り知れない……。

さて、おばあちゃんの言うことには、乳母嶽神社はそもそもは諏訪神社なのです。そこにあとから乳母嶽という神様が祀られた。乳母嶽は乳の神。おっぱいがよく出ますようにと、昔はお参りの人が列をなしていた。戦前は大いに流行った神様だった。かつて、厳しくもつましい村の暮らしの中では、乳はそれほどに出ないものだったのでしょう。乳がなければ赤子は育たぬ。だから母たちの乳母嶽へのおっぱい祈願も命がけ。

そうだよ、名立のほうからも坂を上がって沢山お参りに来ていたよ、おかげで乳が出たと御礼参りもね。盆踊りはそりゃ盛大だった、ハーヤレ、ソリャソリャ、むにゃむにゃむにゃ。(ごめんなさい、おばあちゃんのせっかくの唄を覚えきれなかった)。盆踊りの時には近くの集落から力自慢も集まって寄相撲もしたという。

思い出ぽろぽろ、おばあちゃんが目の前の小道を指さして、海沿いの下道と高速道路ができる前は、この加賀往来しかなかったんだ、この先に海の見える景色のいい所があったんだ、あたしが若い頃にはそこでお茶と団子を売って、いいお小遣いになったたねぇ、（なるほど、だからこのあたりは茶屋ヶ原なのかな）、神社へのお賽銭もこの村の者なら誰でも取ってきていいんだよ、あそこの神様は子ども好きでね、子どもらをどれだけ境内で遊ばせても怪我ひとつしない。

なんでも、子どもらはおばあちゃんたちに弁当を作ってもらって日がな神社で遊んだのだそうです。昔はお賽銭もお供えのお菓子も沢山集まったから、それをおばあちゃんたちが境内で遊ぶ子どもらにきちんと公平に分けてやったんだそう。

村の神、乳の神、こどもらの守り神、加賀往来の細道を下って、いざ乳母嶽神社に参ろうか。もしや「うば竹大蛇」もいるだろうか？

20　茶屋ヶ原　乳母嶽神社　その3

鬱蒼と緑の木々に囲まれた小道をゆっくりと下ってゆく。人影ひとつない、加賀往来、茶屋ヶ原、乳母嶽神社への道。ほら、石の鳥居が見えてきたよ、鳥居も鳥居の向こうの狛犬も境内の土も石も苔むしてるよ。鳥居の右手には大きな楕円の石に「諏訪社」とある。その脇には「村社乳母嶽神社」と刻まれた四角い石柱。鳥居の扁額には「加具奴知命」。これは、諏訪大神・建御名方命の母で、かつてこの地に陵があったという奴奈川姫の別名だろうか。

ところで、申し遅れましたが、この乳母嶽神社探訪には連れがいる。四百年ぶりに「山椒太夫」全段を復活上演した人形浄瑠璃「猿八座」の太夫、渡部八太夫です。平成の安寿の心持ちで旅する私は、「太夫」と聞けば、安寿・厨子王・母君・

乳母嶽神社境内

うわ竹を騙して売りとばした「山岡太夫」を条件反射で思い浮かべる、（いやいや、連れの太夫は、「山椒太夫」の物語の現場を肌で感じて、語りに魂を吹きこもうという真摯な心）、いざ拝見つかまつる、と乳母嶽神社境内をのっしのっしと太夫はゆく、平成安寿はなにやらざわめく心でついてゆく。

古びた木造社殿を覗き込む。そろそろと戸を開けて、ぎしりぎしり、薄闇の中へと入ってゆく。頭を下げて神にご挨拶申し上げる。お賽銭をあげる。手を合わせる。見あげる壁に「昭和58年8月26日　乳母嶽神社改築記念祭典」と題された額。幾枚もの写真が飾られています。湿気で波打ち、色褪せている。神主さんを囲んで笑顔の集落の人々。欄干にずらりと座る子供たち、浴衣姿、盆踊り……、夏の日の幻のような光景です。

おおっ。不意に幻を破る太夫の声。社殿の外廊下、左手を見てみれば、なんとも見事な龍の彫り物。白波を蹴って天に昇る龍の背には翼がある。

境内をひとめぐりして、あらためて、鳥居の手前に立つ案

乳母嶽神社　龍の彫り物

内板をじっくりと読みました。「この乳母嶽神社は「子育ての神さま」「乳の神さま」として崇拝されている。源義朝の家来、野宮権九郎が落ちのびてこの地に隠棲したとき、ここの海で東西から降り交う「四海波」の沖合いから、霊像を得てこれをまつったところ、「乳不足の婦人はわれを祈念せよ」とのお告げがあったと伝えられている」

おおっ。またも太夫が声をあげる。そうか、「四海波」か、なるほどなぁ。

ええ、そうなんです、旅をして現場に立ってこそわかることがある。古来、上越の西浜、茶屋ヶ原と名立の間の難所といえば鳥が首岬、その沖合い、東西の波が出合って砕けて天にも届く「四海波」、あれが龍なのだ、翼ある龍なのだ、うば竹大蛇なのだ、あの波を旅の祭文語りたちは龍と観て、うば竹大蛇と観たのだと、安寿と太夫は、おおっ！　思わず声を合わせて叫んだのでした。

21　茶屋ヶ原　乳母嶽神社　その4

乳母嶽神社の社殿の正面、真鍮色の鈴の形の鰐口には、少しばかり色褪せた青、赤、黄、白、紫の五色の布がふさふさ揺れる。がらんごろん、大きく鳴らして、まだまだつづく平成安寿のさまよいの旅の無事を祈ります。と、ここまで書いて、ちょっと待って、何かが違う。あの鰐口には紫はあったかな？　あの日に撮った写真を見てみれば……。

五色の布はこの世の森羅万象を意味します。万物の生滅盛衰は、木（青）・火（赤）・土（黄）・金（白）・水（紫）の五行の働きだから、五色の布を引いて鈴を鳴らせば世界が震える、この身も森羅万象と響きあう。だけど、写真の中の鰐口には紫（水）が見当たらない。撮った角度が悪かったのか、すっかり色褪せてしまったのか……、いや、でも、大丈夫。鰐口

乳母嶽神社　鰐口

が掛けられた社殿の正面にも両脇にも、白波がざんぶざんぶと水しぶきをあげて実に見事に彫り込まれているのです。

それはもう、社殿そのものが沖合のあの荒ぶる四海波の中にあるかのよう。湧き立つ白波は、溢れる乳のよう。想いは乳の波にさらわれて、ほら、砕け散る、ほとばしる白い乳だ、波のように雷のように嵐のように猛々しいおっぱいだ、うば竹大蛇だ、乳母嶽だ！　母なる乳の神に祈れば生きる力の湧きいずる。

さあ、乳母嶽神社から名立のほうへ、加賀往来を歩いてみよう。ほんの数十メートル、進めば右手の視界が大きく開ける。海が見える、海へずんと突き出た鳥が首岬が見える。海はざわざわ白く波だって、無数の龍が跳ねているかのよう。おーい、おーい、空気が澄んでいれば、佐渡も見えるはず。

ずんずんと先をゆく。ひょっこり、不意に、左手の山の茂みの中から人影。肩から大きな袋を下げたオジサンが現れた。ぜんまいを採りに直江津から来たんだそうな。と、話を聞くうちに、トトトトト、小さな獣が山から転がり出てきた。き

加賀道から見た日本海

ょとんと見つめ合う。おお、タヌキではないか。

さらに進む。左手に田んぼ、右手に小さな畑が見えてきた。田んぼにはうじゃうじゃとオタマジャクシ、畑の脇には海の方へと降りてゆく小道。

畑で糠をまいていたおばあちゃんの言うことには、昔は電車に乗ってきた人たちが、名立の駅からこの坂道を上って乳母嶽神社にお参りにきた。おばあちゃんは昭和ヒトケタの生まれ、茶屋ヶ原から名立に嫁入ったんですって。幸いおっぱいはいっぱい出たから、乳母嶽神社のお世話にはならなかった。

坂道の途中に立って、加賀往来を見上げてみた。坂を上りきった突き当りには石の道標。風化した石に、「左に行けば神社、右に行けば山道」と刻まれている。

私は左に行こう。ずっと左に戻って茶屋ヶ原乳母嶽神社も通り越して、今度は居多の乳母嶽明神を訪ねよう。

加賀道道標

22　居多　乳母嶽明神

これはおっぱいなのではないか？　と、連れの太夫が言うのです。茶屋ヶ原の乳の神、乳母嶽神社があまりに強烈だったから、その衝撃に引きずられているのであろうか。

うーん、これはどちらかといえば、きのこのようですと、答えに困った平成の安寿は言う。

そうね、上越のあのあたりは昔からとにかく古墳や塚が多いんですよ、あの石塔もそのうちのひとつではないのかな、と、これはのちのち教えを乞うた仏教美術の先生の言葉。

その昔、越後に流されてきた親鸞が上陸したという居多が浜からまっすぐに登ってくれば、越後国一宮居多神社。その参道の手前の道の右側、空に両手を大きく広げて伸び上がるかのような木が目印。こんもりと盛りあがり、青々と草が茂

乳母嶽明神

る塚のような場所に、乳母嶽明神は祀られている。そこには、おっぱいだか、きのこだか、妄想を誘う石塔が二つ。ぐるりと注連縄。塚の裏手には、瀟洒な民家。石塔にかすかに刻まれている文字は、「直江津　横山」とあるような、ないような。

念のため、案内板を読んでみようか。

「奥州の岩城判官の愛児安寿姫と厨子王が応下の橋のたもとで、山岡太夫という人買いにだまされた。母と乳母は佐渡へ愛児は丹後由良湊の長者山椒太夫に売られた。乳母の宇和竹は悲しみのあまりに海中に身を投じ毒蛇となって追いかけた」

ふむふむ、これは説経祭文「三庄太夫」をもとにしているようである。瞽女唄ならば「宇和竹」ではなく「うば竹」となる。

さらにつづけて、「この乳母の霊をまつったのが乳母嶽明神である」とある。これもまた説経祭文が乳母嶽神社の由来として語っているところである。

なるほど、この案内板に記された由緒書きが説経祭文由来のものだとすれば、さかのぼっても、せいぜい、江戸の世も終わりに近い享和の頃、一八〇〇年代も初めの話にすぎない。江戸後期生まれとは、神としてはずいぶん年若いほうじゃないですか。

とはいえ、そうそう一筋縄ではいかないよ、案内板の由緒書きの最後には、祭文にはないこんな一文がさりげなく書かれているのだから。

「お乳の出ない人に信仰されている。」

おお、これは、茶屋ヶ原の乳母嶽神社と同じじゃないか。なるほど、連れの太夫のおっぱい妄想もあながち間違ってはいないのかもしれぬ。そもそも乳母嶽というおっぱいの神様がいて、旅する祭文語りがその存在を知って、ピーンときて、「山椒太夫」の宇和竹と重ね合わせたのかもしれないね。なにしろ物語というのは旅が育むものだから。物語は語る者が主、聞く者も主だから。あの宇和竹こそが乳母嶽なのだと語って、聞いて、互いにうなずいたならば、そういうことになるのである、物語は現実を書き換えるのである。ご用心。

23 「物言う草木」の物語

越後国一宮・居多神社には、仲睦まじく並んで立つ祭神の夫婦の石像がある。

夫は因幡の白うさぎの逸話で知られる大国主命。妻は越の国の翡翠を支配する巫女である奴奈川姫、そして、奴奈川姫の胸には赤子が抱かれている。この子は建御名方命。後の諏訪明神だ。大国主命は出雲からやってきて、姫を口説き落として結ばれたんだそうな。

でもね、「古事記」に描かれたこの神々の結婚の背景には、政治的な思惑が渦巻いていたはず。それは神々の装いをまとった人間どもの話でもあって、神秘の勾玉の材料ともなった貴重な石、越の国の翡翠をめぐって、あるいは支配と服従をめぐって、生臭い駆け引きもあったはず。さまよう平成の安

居多神社
奴奈川姫・大国主命

寿には、はるかな想像力で想い起こしたいことがあるのです。

古事記にしろ日本書紀にしろ、日本の古代の勝者が王権の証として編んだ「神話」とは、「蛍火のように輝く神」や「蠅のように騒がしい神」と呼び捨てられた異神たちを征服し、「物言う草木」の声を封ずることで成立した「王」の一族の来歴の物語でありました。「王」の来歴は「神」の来歴とひとつながりに、正しき天の声で語られた。

ええ、確かにかつては、神の世も人の世も、あの世もこの世も、ひとつづきの世。神が人の姿でこの世に現れたり、人が死して神になったりしたものです。

たとえば、ほら、この「平成山椒太夫」のおおもとの物語である説経節「さんせう太夫」も、こんな言葉ではじまる。

「ただいま語り申す御物語、国を申さば、丹後の国、金焼き地蔵のご本地を、あらあら説きたてひろめ申すに、これも一度は人間にておわします」

たとえば、今でも、死者の声を生者に取りつぐ巫者《ふしゃ》たちは、まずは死者の来歴をあらあら語り申しあげる。名を呼ばれ、物語られてこそ、名もなき死者も確かな存在として立ち現れます。名もなき草や木でしかなかった者たちが、人となり、神にもなる。

忘れてはならぬ大事なことがあるのです。

物語る声には天の声もあれば地の声もありましょう。「物言う草木」の声を上から封じる大音声もあれば、「物言う草木」の来歴を地べたから語るひそやかな声もある。

高田瞽女が、「山椒太夫」の物語のなかでも、あっけなく踏みにじられる「草木」に過ぎぬ侍女「うば竹」の大いなる怒りを繰り返し歌い語ったように、いつの世も、さまよいの語りの旅を生きる者たちは、地べたの無数の「草木」の声なき声を聴き、その命に息を吹きこんできた。

さあ、想い起こしてごらんよ。聴くこと物語ることは、封じられた声を取り戻すこと、草木の命のざわめきを呼び戻すこと。思うに、語り語られ生きてゆく「物言う草木」、それこそがわれら人間なのではないでしょうか。

24　岩殿山　ひそかなミシャグチ

あらためて、上越は五智国分の岩殿山で旅の来し方行く末を考えた。

岩殿山には、海辺の旧道から一キロほどの参道を登ってゆく。ほーほけきょ、あの日は見事な音色の鶯の声を聞きながら、梅花のように濃い色の桜の花を見あげながら、途中、参道脇に山の神らしき祠を見つけたりしながら、霊場岩殿山へ。なんでも、以前は霊場に到る道には、もっと沢山の祠があったんですって。今では古い道が崩れて、数ある祠も消えて、新たに整備した道には山岳宗教の名残も薄い。

岩殿山には、明静院という寺がある。そこには僧行基作と言われる重要文化財の大日如来が祀られている。でも、私がめざすは、大日如来よりももっと古い、寺の背後の岩屋に祀

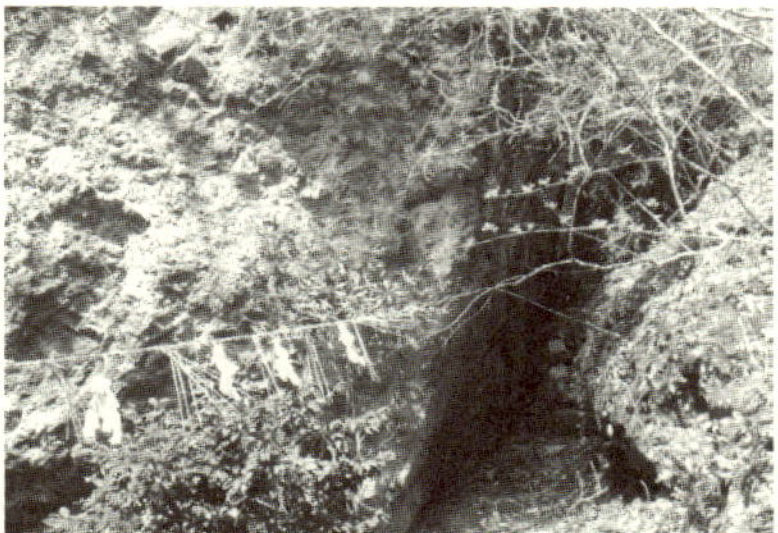

岩殿山

られているひそかな神々。

さあ、岩屋の神々を前に、なぜ語るのか、なぜさすらう旅をするのか、なぜ安寿なのか、自問自答。

そこには二〇一一年三月十一日が深く影を落としています。近代という仕組みが根っこから揺さぶられて、そのカラクリが無残にあらわになって、虚ろなカラクリに寄り添う根も葉も魂もない言葉ばかりが漂いだしたあの日以来、私は世界そのものを語り直す言葉、私たちがいまいちど生きなおすための声を探さずにはいられなかった。近代世界を底から支えてきた近代の言葉を疑わずにはいられなかったのです。

たとえば、地べたを這いずる声が脈々と語り伝えてきた説経節「さんせう太夫」を、森鴎外が見事な手際で近代文学に換骨奪胎、地べたの声を払い捨てたときに失われたものが私には気になって仕方がない。だから、鴎外によって近代世界に引き込まれた安寿を、私はもう一度書き換えたい。近代人安寿がなくしたものを語りなおしたい。その衝動が私をさすらう語りの旅のほうへ、ひそかな神々のほうへ……。

岩殿山諏訪神社

ここ、岩殿山には諏訪神社がある。ここの岩屋で諏訪明神・建御名方命が生まれたという。そのとき建御名方命を取り上げたのは、「姥嶽姫」だという。そう、「うばたけ」です。ここにも、瞽女の「山椒太夫」で怒りの大蛇に化身する「うば竹」の影がある。言い伝えでは、姥嶽姫はこの岩屋で、日陰蔓《ひかげかずら》を襷にして、新しい命を取り上げた。

草木萌えいずる巨岩の岩屋、命にまつわる呪術的な力を秘めた日陰蔓。太古、精霊は巨岩・巨木のあるところに宿り、樹木を伝って降りてきて人々に霊威を分け与えたといいます。精霊が降りてくるその場所には「ミシャグチ」があったという。そう、岩殿山の諏訪神社にも、行けば分かる、寺院発行の「岩殿山縁起」には記されていない立派なミシャグチ、二つの男根石がすっくと並び立つ！

いったい、これが、さすらう語りの旅とどう関わるか？

25　野生の神、野生の語り

なんだかすべてが一本の糸でするするとつながっていくようです。

説経祭文や瞽女唄の「山椒太夫」の物語の中のあの「うばたけ」、直江津で人買いにかどわかされて海に身を投げ、怒りの大蛇となって大嵐を巻き起こし、ついには乳母嶽明神となった侍女「うば竹」を追って、琴平神社、茶屋ヶ原、居多……と巡り歩いて、その末に、姥嶽姫という名の神に誘われて訪ねた岩殿山の諏訪神社で、ミシャグチを見つけた。心がふるふる震えました。

はい、ミシャグチとは、男根石のような石棒を依り代とする神です。石神とも御社宮司とも御左口とも、いろいろな当て字で書かれるこの神は、王権を核として体系化された記紀神話の神々よりもさらに時をさかのぼる、日本の古層に潜む神。もともとそこにいた土俗の神に、あとから諏訪明神が混ざりこんで神の名が上書きされたのか、それとも古層の神が時を経て諏訪明神に変じたのか、それは定かではありません。

はっきりと分かるのは、ミシャグチがあるところ、常に新たに生まれいずる〈力〉が渦巻く。岩殿山で言うならば、岩屋は大いなる子宮であり、岩屋の前にそそり立つ石棒との陰陽不二の働きで、ミシャグチの神は繰り返し孕まれ、永遠に生まれつづける。

ミシャグチを「存在の胎児」と呼んだのは宗教学者の中沢新一です。「この世界に若々しい力にみちた流動的生命力をもたらす」ものとして、中沢はミシャグチを語る。それは、この世界の根源的な力として滔々と時を越えて流れつづける野生の力。人間がこの世の王となって、国家だとか権力だとか支配だとか服従だとかの仕組みを整えるほどに、不可視の領域に退いていくほかなかった野生の神なのだともいいます。

でも、蛇の道は蛇、ですからね。この世のはずれ、地べたを這いつくばって生きる者、そこに確かにいるのに誰の眼にも映らない者、道から道へ、境から境へ、とどまることなく旅する者、みずからの歌、みずからの物語を生きんとする者、この世のカラクリや規格には馴染まない、飼いならされない、いわば野生の者、そんな者たちに寄り添う神として、野生の神ミシャグチはひそかにいつもそこにいる。

この世界を書き直したいのなら、生きなおすための声を追い求めるなら、そうしてさまよいの語りの旅をゆくならば、おのずとミシャグチにも行き合うことでしょう。この世の理不尽に怒り狂う「うば竹」大蛇も、命の源のおっぱいの神「乳母嶽」も、諏訪明神の産婆たる「姥嶽姫」も、ミシャグチという根源的な力への道標であるのでしょう。

さてさて、平成の安寿のさまよう語りの旅はそろそろ上越を離れて、荒海を越えて、佐渡へ、佐渡へと草木もなびく、佐渡は居よいか住みよいか……。

佐渡編

鹿野浦　安寿塚

26　安寿は佐渡で死んだのさ

荒海を越えて佐渡にゆくには、傘一本あれば事足りる。さあ、目には見えぬこの傘をパッと大きく広げてみようか。

この傘は、その昔、貴人がお供の者に持たせたような、あの大きな唐傘だよ。傘は、そこにいるのが「ただ者」ではないことの目印だ。ほら、一遍上人の聖絵にも、法然上人の絵伝にも、唐傘の下には旅の僧に乞食に遊女に巫女に熊野比丘尼に白い布で顔を隠した癩病者。これはね、日本中世文学研究の山本吉左右先生が言っていること。鎌倉、室町、中世の庶民は傘などささずに蓑笠をかぶるんです。傘の下には庶民には計り知れぬ異界が広がっている。傘はこちらとあちらの通い路をパッと開いてみせる。だから傘は一つ目の妖怪にもなるんでしょう。傘の下では語りの旅芸人がからころろ、さ

佐渡汽船から

さら鳴らして、声を放って、あちらの世界をこちらに引き寄せる。

かつて、物語を聞くとは、傘の下に出現する異界、もう一つの現実に身をさらすことでした。虚だとか実だとか、あちらとかこちらとか、目に見えるとか見えないとか、そんな区別は傘の下では意味がない。気配やあわいや穢れを放り捨て、合理的機械的にかっきり区別することが人間を毒するほどの重大事になるのは文明開化以降、ほんの百年あまりの間のことですからね。

さてさて、「山椒太夫」という語りの傘の下では、室町の世からくりかえし、囚われの丹後由良から弟の厨子王を逃したと、安寿は山椒太夫の三男の三郎に髪をつかまれ、火責め水責め、無惨に死にます。それを聞く人々も、聞くたびに震えて涙する。ところが、そのうち、安寿も丹後由良から佐渡に逃げのびたと語る者が現れるんだ。そもそもが、安寿と厨子王に生き別れ、母君が売りとばされた先は海の果ての蝦夷のはずが、いつのまにか佐渡に変わっている。なるほど、江戸も初めの金銀鉱山景気に湧く佐渡に、無宿人も山伏も熊野比丘尼も遊女も旅芸人も草木もなびいたように、安寿も母君も引き寄せられたにちがいない。

佐渡に囚われ、粟の畑で鳥を追う母君は、悲しみの涙で目がつぶれます。めくらめくらとなぶられます。そのありさまをめくらのボサマが泣き節の文弥節でかきくどく、佐渡の文弥の山椒太夫。

なんでも母君をいじめた島の者たちの足にはひどい赤ギレ、川には毒が流れたんだってねぇ。近い昔の佐渡の鹿野浦の人々は、それも母君をいじめた天罰と言い伝えたんだってねぇ。

そうだよ、安寿も母君を追って確かに佐渡に渡ったよ。なのに、いくら誤解とはいえ、めくらの母君の怒りの杖で打ち殺されるとはねぇ。

傘の下の、めぐる因果のまことの話、安寿は佐渡で死んだのさ、佐渡で何度も語り殺されたのさ、それには深いわけがあるのさ。

27　賽の河原で幼子は……

佐渡をゆけば路傍に塚がある、塔がある、石仏がいる。島のあちこちに十二権現、修験の神。二つ岩大明神は、相川の山の中の赤い鳥居の奥の奥、蜘蛛の糸や虻の羽音を払いつつ、所願成就御礼の奉納の木の鳥居を次々くぐりぬけてゆく。ここにはむじなの大親分団三郎が祀られております。むじなとは、もとは、金山の金の精錬に使うふいごの皮を取るために佐渡に持ち込まれた狸のことだそうな。それ以前、佐渡に狸はいなかった。思うに、二つ岩大明神は、狸がやってくるずっと前、人が祈るということを知った太古の昔から、あの大きな岩自体が神だったのでしょうね。

あそこの岩、あそこの峠、あそこの海辺、あそこの清水と、そこかしこに名もなき神。無数の神が宿る土地は、人々

二つ岩大明神参道

が生き難さを乗り越えて生き抜いてきた土地なのだと、これはさすらう旅の教えです。名もなき神々のまします山野には、神に必死の祈りを寄せた無数の名もなき者たちの物語がある。人から人へ、道から道へ、脈々と語り伝えられてゆく物語の芯には必ずや深い祈りがある。深い祈りは、物語る者聞く者の心の澱み、濁り、波立ちを鎮める、浄める、解き放つ。この世には、想像することが魂を浄化することであるような、語ること聞くことが祈りそのものであるような、必死の声があり、言葉があり、物語があるのです。それをやすやす忘れた者は、大きな声や手軽な言葉や芯のない物語にみずから軽々さらわれていくのでしょう。

しかし、忘れられぬあの光景。真野から赤泊への山越えの道の梨の木地蔵。こちらのご本尊のお地蔵さんは漁師が海から引き揚げたものという。子供の病気平癒に霊験あらたか。願いが叶えば、親は感謝の石の地蔵を奉納する。だから境内には、苔むして湿った緑の小さなお地蔵さんがにょきにょきと、まるでキノコやタケノコのように数千数万ひしめき合っ

梨の木地蔵

ている。すべすべの地蔵、すました地蔵、きりりの地蔵、古いの新しいの、地蔵、地蔵、恐ろしいほど地蔵だらけ。草のように木のように柔らかな風情の地蔵たち。いったい、ここに、どれだけの物語が生い茂っていることか。

ほら、風の声か、石の音か、無数の地蔵がざわめくよう。思わず心に描くは、地蔵和讃のあの光景……。

願いもむなしくこの世を去った幼子は、賽の河原に蚕のごとき膝をつき、蓮華のごとき小さな手で、一重組んでは父のため、二重組んでは母のため、積んでは鬼に崩される石の塔。この哀しみの幼子にお地蔵様が語りかける。われはおまえの親であるぞと幼子を抱きしめる。南無延命地蔵大菩薩、オンカカカビサンマエイソワカ。

物語はさまよう魂の器となりましょう。祈りを込めて語りの道へ。平成の安寿は佐渡をゆく。

28　すべての旅の者の名前

暑かった。麦わら帽子をかぶる頭がゆだって、熱中症になりかけておりました。八月も初めの佐渡は畑野の安寿塚。「安寿天神まつり」の青い幟がはたはたと道沿いに立ち並ぶ県道から、すっと路地に折れれば、すぐ目の前の三叉路の角。杉の木、椿の木、アテビの木の生い茂るその下に小さな祠、鮮やかな紫の垂れ幕が目に飛び込みます。不揃いの石の階を小刻みにとんとんと登って手を合わす、その眼差しの先には、こけしほどの大きさのお地蔵さんが一、二、三、四体。古びた花瓶にはみずみずしい花。ああ、ここの祠はよく手入れがされているな……。ぼーっと塚の前にたたずんでいると、おばあちゃんがひとり、畑から帰るところなのかしらね、割烹着のポケットにナスときゅうりを入れて、こんにちはー、

畑野　安寿塚

とそれはもう元気に現れて、ああ、ご近所だもん、こちらの神さんには毎日拝みに来てるよ、はっはっはっー、と笑い声を残してゆきすぎる。

安寿は佐渡の畑野で神になりました。

旅の者が神となる。と、『畑野町史』には記されておりますが、古の教えによれば、そもそも神とはさまよえる旅人の姿で現れる。見慣れぬ異人《まれびと》として村の外からやってくる。

私は日本海にぽっかり浮かぶ佐渡が島で、神の怒りに触れた古のギリシャの英雄オデュッセイアの叙事詩を想い起こしました。エーゲ海の島々をさまよえるオデュッセイアを探して、その息子のテレマコスは異国をたずねあるく。人々は見知らぬテレマコスを丁重にもてなした後に、はじめてその名を尋ねる。なぜならば、旅人は神だから。私は日本の南の石垣島の川平《かびら》の来訪神まゆんがなしを想い起こしもする。まゆんがなしは、くたくたのみすぼらしい旅人の姿でやってくる。

神は乞食のなりで現れる。神は哀れな病者として行き倒れる。神は人々が卑しむ遊び女《あそびめ》に身をやつす。

安寿塚は、遠い昔、蛇塚と呼ばれる祟り塚だったのだそうです。むじな塚とも呼ばれていたらしい。むじなも佐渡では遠来の旅のモノですね。そして信仰にまつわる佐渡の旅の者と言えば、山伏か比丘尼か旅の巡礼か、「尼女《あんじょ》」とも「庵主《あんじゅ》」とも「行者《あんじゃ》」とも呼ばれる彼ら旅の者が行き倒れて死んだのか、あるいは塚を拝み所としたのか、祟り塚はやがて「安女《あんじょ》塚」と名を変える。ここまでくれば、われらが安寿まであと一歩。「山椒太夫」の物語が江戸の世を風靡して、あんじゅ、あんじゅと弾き語るボサマや瞽女や祭文語りの、あっちこっちの旅の語りの傘の下に安寿は現れる。やがて「あんじょ塚」は「安寿塚」と名が変わる。それが一八〇三年頃のこと。

安寿はすべての旅の者の名となりました。安寿は神になりました。

29 佐渡・鹿野浦。韃靼人が死んだのは……

佐渡が島。南片辺の鹿野浦の海辺の荒野に、こんもり盛り上がった木々の茂みがある。そこはかつては十二権現、つまりは熊野修験道の山伏が祀るムジナ神の祠で、それがいまでは赤い祠の安寿塚だ。その近く、県道45号の海側の路傍には韃靼塚。それもかつては蝦夷塚と呼ばれて、どうやら佐渡に数ある蝦夷塚という名の古墳の一つらしい。

昔々、この地に異人船が漂着したのです。難破して、ようよう生き延びて、異人たちはこの地を流れる川の水をむさぼるようにごくごく、と飲んだ、うまい、うまい、生き返るようだ！　と、異人たちがほんの束の間でも喜んだのならば、救いもある。なんと、川の水は毒の水、異人たちは次々と死んでいったと言い伝えられ、歌にもうたわれ、

鹿野浦　安寿塚

片辺、鹿の浦、中の水は飲むな、毒が流れる日に三度〜、

で、川に毒を流したのは誰？

安寿だよ、丹後由良の極悪非道山椒太夫から息も絶え絶え逃げだしてきたというのに、めくらの母の思い違いの激怒の杖でめった打ちに殺された安寿の涙が毒の水さ、

いいや、毒のもとは安寿の母だよ、盲目の闇に惑って娘を打ち殺した母の嘆きの涙が毒の水、

あのね、そもそも片辺、鹿野浦、中の川には、金銀精錬のための鉛が流されていたらしいよ、片辺にも戸中《とちゅう》にも鉛の山、近代人ならば、韃靼人は鉱毒で死んだと言うでしょう。科学的で合理的な史実としてね。とはいえ、人の命までもが数字に置き換えられて、矛盾のない論理で構成されて、どこの誰にでも分かる普遍の物語として「歴史」が語られるようになったのは、太古からの人の命の長い長いつらなりのなかでも、ほんのつい最近のこと。見えるものしか見ない、聞こえるものしか聞かない近代人でも理解できる物語としての「歴史」とは、実のところ、有象無象の人間の営みを語るにはあまり

鹿野浦
安寿が打ち殺された浜

に器が小さい。あまりに話の筋が通りすぎている。

実際、韃靼塚に祀られているのは韃靼人か、蝦夷の者か、日本書紀に記された粛慎人か、彼ら異人に死をもたらした毒は安寿の涙か、母の涙か、この世をさすらう者たちの血の涙か、だいたいが安寿の母が売りとばされたのは蝦夷か佐渡か世の果てか、佐渡のムジナはまことに神か？

どれもこれもそれを心底信じて語る者がいて、心底信じて聞く者がいて、響きあう「語り」の場がそこにあるならば、それはリアルに本当なのです。そこには近代の論理がばっさり切り捨てた闇や空白や混沌がある。見えない、聞こえない、論理では到底すくえない因果や気配や予感がうごめく世界がある。そこから生まれいずる「声」がある。「語り」がある。

それはたとえば、てふてふが一匹韃靼海峡をとんでゆく、その光景をありありと観る者たちの世界であり、語りなのです。

韃靼塚

30　光は闇を知らない

たとえば佐渡・相川には団三郎がいる。外海府には関の寒戸がいる。この二人は地下通路で通じ合っているらしい。赤泊には禅達、新穂に財喜坊、真野には源助もいる。これは佐渡のいわゆるひそかな長老たちの名前です。この長老たちにつらなる系譜の者たちには不動坊、穴の三蔵、簗場の文福、とんち坊に、おきく、おさき、おたけさんもいる。書きだしたらきりがない、数えてざっと百は越える。この者たちの棲みかはといえば、岩とか穴とか木とか滝とか。

そう、この者たちはムジナです。「十二さん」とも呼ばれます。「十二さん」の「十二」は熊野十二権現の「十二」でありましょう。熊野信仰を背に負って、漂泊の旅を生きて、佐渡の庶民の暮らしの中の宗教にすーっと入り込んだ熊野山伏たちが、佐渡の各地に祀った土俗の神、それがムジナ神。これは新潟県史を読んで目からウロコの話でありました。

しかし、まあ、佐渡のムジナはお金を貸してくれたりもするけれど、ムジナに気づかずに道端でうっかり小便をかけてしまったとか、餅を食べたいムジナの気持ちが分からずに餅をやらなかったくらいのことで祟りもする、棲みかの古木を切ったりしたら未来永劫祟るという執念深さ……。

あのね、病いも災いもムジナ神の怒りに触れたからなんだよ。佐渡の南片辺の鹿野浦の、赤い祠のあの安寿塚も、もとはといえば奇病が流行って人がバタバタと死んで、人魂が飛び交って、それを鎮めるために建てたお宮だという話もあるじゃないか。

迷える魂、祟るムジナ神を鎮めるには山伏を呼べ！

というわけで、明治の文明開化で神々の世界までもが近代化されてしまう頃までは、佐渡にはムジナの数ほど山伏がいたらしい。

山伏はムジナ神を呼び出して祟りのわけをお尋ねする。ムジナ神を恐れ多い地神として祀る家では、「地神経」を唱えもする。家々をめぐって、竈神に「荒神経」を読みあげもする。ありがたい護符を配りもする。佐渡の暮らしの中の祟り災い病い呪いを祓うために祈る山伏のかたわらには巫女がいる。巫女には神霊が降りてくる、口寄せをする、ムジナ神の言葉を伝える、闇の声を響かせる。

　さてさて、佐渡に狐がいないのは、ムジナが狐を追いだしたからとの言い伝えですが、その狐どもが人を化かさなくなったのは、日本の近代もいよいよ絶好調、この世から闇をぶんぶん振り払っての高度経済成長の頃と申します。きっとその頃に佐渡のムジナも神通力を失くしたのでしょう。闇を旅する語り部たちもついに道を見失ったのでしょう。気配や予感や物語が蠢くには、この世はあまりに明るすぎるのでしょう。いったい、闇を放り捨てた世界で、人も神もまっとうに生きられるものなのでしょうか?

31　目には見えぬ古道をゆく

今にも泣きだしそうな空の下、佐渡の片辺の見えない道を訪ね歩きました。

古い本によれば、南片辺の桐の木坂の上には、安寿と厨子王の盲目の母君が目を洗った池があったらしい。同じく南片辺の四十二曲がりの坂は佐渡一番の険路で、坂の下には人買の佐渡二郎の屋敷。母君は佐渡二郎にこきつかわれて、四十二曲がりをよろけて転んで這いずったという。

でも、今ではすっかり忘却の道です。あたりには獰猛なほどに緑が生い茂った丘しか見えない、誰に聞いてもわからないその道を、記憶を手繰って案内してくださる古老がひとり。北片辺の方でした。

ほら、歩けば分かる。新しい道は古い道の記憶を消すんですよ。人の通わぬ道は瞬く間に野にかえる。この世の者の道ではなくなるんですよ。

古い道とは言っても、相川から片辺、高千のほうへと外海府を海沿いに走る道が拓かれる昭和の初め頃までは、それは暮らしの道でありました。かつては隣村に行くにも山越えの道。細く険しい道を、鼻を地面にこすりつけて登ってゆく。海は荒海、磯には巨岩奇岩に断崖絶壁、急勾配の丘の上に田畑がある。だから、農作業に行くことも「山にゆく」と言ったんだそう。昔は農作業の道具をずしりと背負って、日々山道を登り降りしたんだそう。

道案内人の手引きで、今もかすかに残るケモノ道のような「山にゆく」道に分け入ってみました。山から村への降り口には大師堂の跡。新しい道ができて人通りが絶えて、大師堂は場所を移り、あとには名残りの石垣があるばかり。しかし、まあ、その石垣のなんときれいに組んであることか！　佐渡金山に引き寄せられてきた石工たちの腕前の見事なことよ！

石工たちの多くは、金山への流れ者の多くがそうであったように、北陸から流れてきた真宗門徒でした。真宗門徒といい、流れるといえば、想い起こされる、十九世紀の初めに北陸道をひそかに北上し、新潟から会津を抜けて福島の相馬へと流れていった一群の闇の旅人。天明の大飢饉で荒れ果てた相馬への真宗移民です。やがてその子孫は二〇一一年三月の原発事故で、かつて来た道をさまよい戻ることになる。その険しい道は、遠い昔、福島から直江津へと旅した「山椒太夫」の安寿・厨子王の一行が歩いた道でもある。ムジナに佐渡を追われた狐たちもきっと歩いた道である。なにしろ会津あたりでは、やたらと狐が人を化かしたというのです。

安寿も真宗門徒も狐も闇の語りの旅人たちも誰もかれも、この世を流れて漂えば、道伝いに物語の生まれいずる。いずれ私も狐のようにケーンケーンと会津を抜けて福島へ、目には見えぬ語りの道をゆくことでしょう。声ならぬ声も聞くことでしょう。だが、いまはしばし佐渡をゆく。

32　花は散りても春は咲く

心を佐渡にさまよわせる、ほんの合間に、うっかり市川雷蔵主演の『大菩薩峠』を観てしまって、なんだか不思議な心持になりました。そのときちょうど北陸の真宗門徒の流れゆく旅のことを考えていた。彼らは貧しくとも間引きはしないから子沢山で、生き抜くためにお上の目を盗んで故郷を捨てて未知の土地へと旅に出た。走り人、というんだそうです。そうやって闇を走り抜ける者たちの道がある。

雷蔵扮する『大菩薩峠』の主人公机龍之介は、虚無にとりつかれた魔性の剣術使い、殺したいから殺すのだと人を斬る、甲州裏街道の大菩薩峠ですれ違いざまに老巡礼を一刀両断、ばっさりと斬り捨てる。幕末の混沌の闇を流れ流れて、因果応報、そのうち両眼つぶれて、真の闇の旅人になる。その行方知れずの旅を描く『大菩薩峠』の物語では、机龍之介のさまよいの道々で、遊芸の民の声が聞こえる。そう、ここのところが大事なんです。物語の旅人たちは、地べたを這うように流れる歌とともにある。南無阿弥陀仏の念仏とともにある。『大菩薩峠』の「間の山の巻」では、こんな歌が静かに流れる。

夕べあしたの鐘の声／寂滅為楽と響けども／聞いて驚く人もなし／花は散りても春は咲く／鳥は古巣へ帰れども／行きて帰らぬ死出の旅

「間の山」とは、伊勢の内宮と外宮のあいだの山坂で、ここでササラをすって物乞いをする者たちがうたった歌念仏が「間の山節」。もとはといえば伊勢の勧進巫女がうたっていた念仏です。この伊勢の勧進巫女もまた、熊野比丘尼が漂泊の旅のなかで歌を売り身を売る歌比丘尼へと変じていったのと同じ道をたどってゆく。神や仏とともにさまよう語りの道。

なぜ、こんなことをことさらに考えるのかと言えば、磯部欣三さんの『佐渡歴史散歩』を読んだから。そこには、鉱山繁栄の加持祈祷師として活躍した山伏と連れ立って佐渡の相川に流れてきた熊野比丘尼のことが記されている。江戸時代も初めの頃の上相川には三十人の熊野比丘尼がいて、そのうち二十一人が伊勢・伊賀の者でした。

ほら、闇を旅する遊芸の民の道は、伊勢から佐渡へとひそやかに漂いさまよいのびてゆく。説経節「さんせう太夫」の物語には、山椒太夫に苛め抜かれる安寿と厨子王の命の恩人、伊勢の小萩が登場するのだけれど、そこには伊勢をみずからの旅の語りのはじまりの地とし、モノのように売られてなぶられる憐れな安寿に寄り添う語り手たちの心が託されている。

母を探してさまよう安寿の心で佐渡をゆけば、ほら、ひそかな歌声が聞こえてこないか？

夕べあしたの鐘の声、寂滅為楽と響けども……、歌うは伊勢の勧進巫女か、柄杓を手に歌い語り春をひさぐ熊野比丘尼か、母は達者か、いずこにあるか……。

33　達者の水はこんこんと

佐渡に売られた母君の行方を尋ねて平成の安寿がゆく。なんだかね、佐渡の海辺をさまよえば、かつて通った水俣の海辺が思い出されます。水俣の海辺の村では、清水わきいずる泉を中心に人々が寄り添うように暮らしていた。海辺の清水は、天から落ちてきた水が海に迫る緑豊かな山々にしみいり、土の中を流れ、浄化されたものなのでした。人は水がなくては生きてはいけない、水は山が作る、土が作る、山と海の際の渚には命の水、清水が湧きだす。

水俣の海辺の村々を襲った近代の災厄については、ここでは語りますまい。あ、でも、ただこれだけ、水俣からも佐渡と同じく、狐は船に乗って逃げたのです。水俣から狐を追ったのはムジナではなく、近代の論理に憑かれた人間。狐やカッパや野や山や渚の草や木や石や水や風に宿る小さな神々の物語を見失った人間でした。

佐渡の達者の目洗い地蔵に湧く清水は、安寿の母が盲いた目を洗って光を取り戻したという言い伝えのある水です。光を求めて多くの人々がすがって救われたという清水。そういえば、達者へと案内してくださった方が言うことには、このあたりの集落の入口にはどこも清水がある。

なんでも達者にも近い戸中の清水は、その昔弘法大師が手を洗った水溜りが清水に変じたのだと、それが日清戦争の時にすっかり枯れて、戦後にまた湧きだして、つまりは戦中に遥か大陸の戦場まで命を潤すために清水は飛んでいったのだと、不思議の話も聞きました。

海沿いの道路から達者の目洗い地蔵へと入る細道は、「着替え坂」という。そう教えてくれたのは、地蔵堂の脇の清水の恵みの共同浴場に午後も早くにつかりにきたおばあちゃん。清水の脇から山にゆく険しい道は「化粧坂」で、坂をのぼりきって右に行くと、安寿の母が水鏡にして我が身を映した清

達者目洗い地蔵尊

水があるはずとおばあちゃんが言うものだから、藪に入り込んだり、ずんずん道に迷ったり、山の畑で茄子を収穫していた別のおばあちゃんに尋ねたり、ああ、あの清水は昔は山に来たら、みんなして飲んだもんだけど、近頃はもう……と言いつつ案内してくれたおばあちゃんと一緒に、ただただ山や畑をうろうろしたり。思えば、そうやって、達者で私は人も物語をも潤しつづけてきた命の水を探し歩いたようなのです。

達者という良き響きの名を持つこの土地は、安寿と厨子王と母君とがここで再会して達者な姿を喜び合ったという物語をこんこんと湧く清水のように生みだしもしましたが、私のさまよう心をそそるのは、達者とは「険阻な山坂」という意のアイヌ語「トツセ」からきたという話。ほら、佐渡の達者からかつて蝦夷と呼ばれた者たちの大地へと、見えない線がのびてゆく。北が私を呼んでいます。

達者目洗い地蔵尊　由来書

津軽編

恐山極楽浜

34　父は安寿を生き埋めに

安寿恋しや　ほうやれほう
厨子王見たや　ほうやれほう

その昔、粟の畑に鳥追いの歌声流れる北の果ては佐渡が島、東の果ては奥州津軽の外ヶ浜、そこから先は異界だったのだという。異界を蝦夷と呼んだという。

さても、佐渡の鹿野浦あたりの千丈が畑で盲目の母君が歌った鳥追い唄は、北陸道からさらに東北へ、道伝いにさまよい流れていったのか、それとも日本海の荒波を越え、北へ東へ、船に揺られていったのか、

つそう丸恋しいじゃ　ほいほい
埋《い》げらえたるあんじゅが姫《しめん》ぁ恋しいじゃ　ほいほい

たどりついたる津軽では、母君になりかわって津軽のイタ

コが、津軽の言葉で、鳥追い唄を歌うのでありました。曲がりくねった苦難の旅のその果てになんと岩木山の神となったあんじゅが姫を、イタコはわが身に降ろして、あんじゅの声で、神になるまでの一代の物語を人々に語り聞かすのでありました。

しかし、「埋げらえたるあんじゅが姫ぁ」、埋められたあんじゅとは、いかにも不穏。風の噂では、生まれたばかりの姫を父が生き埋めにしたという、母は泣いて泣いて目がつぶれたという、めくらはいらぬと離縁された母は、竹の杖にすがって旅して、からの国の親切な長者に雇われて、粟畑で鳥を追うて生きのびたという、からは「唐」だかどこだか、どうやら遥かな地の果てをさしているらしいのだが、そんな地の果てにも、母がつそう丸あんじゅが姫と名を呼び歌うたびに、私があんじゅだよ、僕がつそう丸だよと、めくらの母をなぶる輩がいたというではないか、たしか佐渡でもそんなことがあったよねぇ、せつないねぇ、闇を知らないあきめくらの軽はずみな心の闇こそ、哀しいほどに深いのだねぇ。

でも、なによりせつないことといえば、「埋げらえたるあんじゅが姫ぁ」という恐ろしい言葉がいやでも想い起こさせる、江戸の天明の大飢饉の後の津軽を歩いた旅人、菅江真澄がありありと記したあの光景……。雪が消え残るように草むらに白骨が乱れ散り、うず高く積み重なり、頭骨の穴にはススキや女郎花が咲き、ゆらゆらと美しく風に揺れる。旅人は白骨を見つめて嘆きの息をもらし、そして岩木山を見あげた。あれが神の山かと拝んだ。

お岩木様。津軽の人々が仰ぎみる神の山。あんじゅが姫の宿る山。あの頃、間引かれた赤子も多かっただろう、母たちは慟哭しただろう、すべての間引かれ捨てられた赤子は、イタコの身を借りて、あんじゅが姫となって、神となって、母たちに語りかけただろう。

「お岩木様一代記」。津軽版「山椒太夫」とも呼ばれるこの語りは、天明よりもさかのぼること百年、一六九〇年代に津軽を生き地獄に変えた元禄の飢饉の頃に、とうとうとイタコの口から流れだしたのだと人は言う。

お岩木様

35　姿も声も持たぬ父

津軽とは、かつては北上するヤマトの兵《つわもの》たちと、彼らが蝦夷と呼んだまつろわぬ民とがせめぎ合う土地でありました。

蝦夷と言えば、耳の底にずんずん響くこの歌。

HO! HO! HO!／むかし達谷《たった》の悪路王／まつくらくらの二里の洞／わたるは夢と黒夜神／首は刻まれ漬けられ／アンドロメダもかがりにゆすれ……

これは、非情なヤマトの侵略者坂上田村麻呂に敗れて首を斬られて、毘沙門天を祀る岩手の平泉の達谷《たっこく》の窟《いわや》に封じ込められた蝦夷の王を宮澤賢治がうたった詩の一節です。

似たような封じ込めの跡はもちろん津軽にもある。その一つが津軽尾上の猿賀神社。大昔、蝦夷に敗れたヤマトの将軍が、死して大蛇となって蝦夷を返り討ちにした。猿賀神社は

猿賀神社

その大蛇を神と祀る。眼光鋭い神蛇《しんじゃ》様は、深沙《じんじゃ》権現と呼ばれます。深沙権現とは、西遊記に登場する沙悟浄のことでもある。仏法の守り神なんですよ。日本では修験道とも関わりが深い。神蛇―しんじゃ―じんじゃ―深沙と流れる水のように音つながりでするするとね、蛇は水に通じるものだから、神蛇様は猿賀の蓮の池の主でもある、ありがたい目の神様でもある。この池に片目の魚が多いのは、人間の目の病を魚が代わって引き受けるからとの言い伝え。

旧暦八月十五日の猿賀神社の例大祭には、白い蓮の花の咲きほころぶ池のほとりにイタコがずらり並んで、かつては大変な賑いだったといいます。水辺は生者と死者の声が行き交い、生と死の境も滲んで、封じられていた声もさまよいでてきて……。

その話を伝え聞いたから、私もはるばる猿賀神社を訪ねた。さまよう私がさまようために知りたいことは何も語らず、十数年前に音もなく逝った父のほんとの声を聞いてみたかったのです。

猿賀神社　蓮の池

そもそも、いったいどうしたわけか、古来、旅する語りの世界では、父たちはいつも言葉が少ない、存在自体が希薄である。ほら、「山椒太夫」の安寿と厨子王の父も、非情なお上に九州の大宰府に流されたまま、終始不在の父だった。今も昔も何にもまつろうことなく、語りの世界をさまよう安寿たちは、姿なき父を探して、無謀にも道なき道の旅に出る。「お岩木様一代記」のあんじゅが姫ですら、自分を生き埋めにしたり海に流したりして殺そうとした挙句にいつのまにか姿を消した父を尋ねて、果てしない旅をする。

しかし、なぜに「父」はさまよいの語りの世界から姿も声も消すのか？　この「父」たちは、なぜにさまよいを厭い、目に見える大きな力を容易に信じてすがって振り回されて、声もなく消えることができるのか、これはさまよえる安寿の、さまよいを知らぬ「父」への哀しみなのか。イタコはさまよう安寿にほんとの父の声を聞かせてくれるでしょうか。

36　死んだ父が言うことには

　旧暦の八月十四日は新しい暦《こよみ》では九月初旬、お岩木様の裾野に広がる津軽平野は黄金色の稲穂が一面にさざめいて、津軽尾上の猿賀神社では朝から獅子踊りの奉納で、青森じゅうの獅子踊り保存会が、獅子引き連れて、幟を立てて、列をなしてやってくる。獅子踊りの先導役は可笑児《おかしこ》と呼ばれるひょっとこのような猿のような道化。可笑児は観る者すべてをここではないどこかへ導いてゆく異界の人さらいでもあります。猿賀神社めがけて鳴らされる遠い太鼓、近い太鼓、太鼓の響きで空気も震えて、ひびが入って、そうだよ、猿賀の池のほとりのイタコは、あのひびの向こう側の者たちの声をこちら側に呼び寄せるんだよ。

　私は獅子たちが神社の社殿に向かって進んでゆく参道を右

にはずれて、イタコを探して蓮の池のほうへと降りていく。昔はイタコも軒を並べて何十人もいたというのに、今日はたったひとり。ベニヤ板とブルーシートで作った即席の小屋では、老夫婦がぺたりと座り込んでしきりに何事か尋ねている。イタコはね、仏をひとり降ろすたびに数珠を手繰って歌うんだよ、と順番待ちのおばあちゃんが教えてくれました。ほら、あの人たちは何人も何人も降ろしてもらってる。

並んで待っているのはおばあちゃんたちばかりで、おめ、どっからきた？　みんな悩みがあるんだな、この先何年生きるかわからねえもん、悩んでばかりもいられねえ、そうだ、そうだ、と語り合うおしゃべりの輪に私もおのずと入って、おばあちゃんたちが、ねえさん、どっから来た？　横浜か、遠いな、初めてか？　うん、イタコには何を聞いてもいい、降ろしたい仏の命日を言えばいい、そうだな、お礼は二千円くらい出せばいいな、うんうん、イタコも数が減ったよ、恐山も今はそういないな、でも、あの震災のあとはあの世の声を聞きたい人で恐山が混雑したってな……。

猿賀神社　イタコ小屋

私はイタコに父を降ろしてほしいと言いました。私はこのままさまよいつづけていいのだろうか、このさまよいの語りの道はどこへと通じているのか、姿のない父に聞こうと思ったのです。なのに、降りてきた父は、母さんは元気か？　兄弟たちはどうしている？　おまえは今何をしている？　と尋ねるばかり。こちらの問いに聞く耳を持たぬ。なんだ、生きている時と同じじゃないか、「父」と呼ばれる者なら誰もが言いそうなことしか言わないじゃないか。落胆の色がかすかに顔に出たのでしょうか。最後に一言だけ、父の声に力がこもった。

おまえの口は荒い。気をつけろ。

なるほど、さまよう語りは、いまここにないどこかへたどりつこうと身悶える道なき道の語りだから、荒々しい、猛々しい、ごめんよ父上、気をつけようもないんです、ありがと、父上。

37 母は加賀の国のおさだといふ

江戸時代も半ば、一七八三年に三河の国を旅立ったひとりの旅人、菅江真澄は、てくてくと信濃を越えて、柏崎、出雲崎と越後を歩き、会津街道から庄内へと道伝いに北上していった。(それはまるで瞽女が歩いた道のようだ)。道々、真澄はひとびとの声に耳傾けては立ち止まり、ようやくのこと一七八五年に津軽にたどりついた。津軽では岩木山の神にまつわるこんな話を聞いた。

岩木山には、岩城《いわき》の司判官正氏《つかさはんがんまさうじ》の子、安寿姫の霊が祀られている。安寿姫の物語があるために、丹後の国の人は岩木山に登ることができない。またこの峰を見渡すことができる海上に、その国の舟がいると、海はひじょうに荒れ狂って、ぶじに港に停泊することもむつかしい。

実はね、一七一二年発行の江戸時代の百科事典『和漢三才図絵』にすでに、お岩木様の丹後嫌いの話はあるんです。その頃には説経節「さんせう太夫」は、日本の津々浦々、誰もが聞き知るお話で、安寿が丹後の山椒太夫の屋敷で責め殺されたのは周知の事実。

しかも、お岩木様の丹後嫌いは、庶民の間の迷信などではない。弘前藩の役人までもがお岩木様の怒りを恐れて、江戸からの幕府巡検使一行に、どうか丹後の人間は含めないでほしいと申し入れたという……、いや、これには裏で糸引く陰謀めいた匂いがある、どうも絹の糸に絡んだ話のようでもある、この話はまたあらためて……。

そう、まずは、なにより大事なのは、声から声へ、道から道への語りの旅の末に、ようよう津軽にたどりついた安寿が、いつのまにやら嬲《なぶ》られるばかりの「さんせう太夫」の物語世界を脱ぎ捨てていたこと、津軽の神様となって、みずから「お岩木様一代記」を語りだしていたことなのです。イタコの口を借りて安寿が語るところによれば、安寿の母のおさだは加賀の生まれ、そして、あろうことか、おさだは夫に不貞を疑われる。

おい、この子の父親はどこぞの庵《いおり》の主の坊主だろう、こいつは庵主《あんじゅ》の子だろう、「あんじゅが姫」だろう、これが不貞の子じゃないのなら、砂の中に三年埋めても死なないだろう、ええい埋めちまえ、さあ埋めちまえ、(母は泣きに泣いて目がつぶれる)、埋げらえたるあんじゅが姫ぁ……。

そうだ、おさだは加賀からやってきた。菅江真澄も瞽女もボサマも歩いた漂泊の道を、おさだも旅した。江戸の初めの津軽には、新田開発に誘われて北陸から真宗移民が流れてきた。失礼ながら、おさだが不貞を疑われた庵の主の坊主とは、もしや真宗のお坊さん？　それとも、懺悔懺悔六根懺悔《サイギサイギロッコンサイギ》と唱えて岩木山を駆け巡った山伏か。とやかく言うまでもなく、安寿は旅の落とし子ではないか。

38　安寿は胞衣をかぶって

しかし、お父さんは魂が消し飛ぶほどに驚いたでしょうね、だって、三年前に、これは不貞の子だと砂の中に赤んぼを埋めて、やがて三年だな、今ではすっかり小さな白い骨だろうと、自分が生き埋めにしたあんじゅが姫を砂の中から掘りあげてみたならば、ケラケラケラ、その子は笑っているんだ、すくすく育っているんだ。これは不貞の子どころか、そもそも人の子ではないのではないか。父は怖くなって、あんじゅが姫をぺらぺらの板一枚の舟にのせて海に流しました。あんじゅが姫は丹後の国に流れ着く。あんじゅが姫は、阿毘羅吽欠《あぶらおんけ》と真言を三遍唱えて、板舟よ、家に帰れと朗々と叫ぶ。すると、板舟だけが父のもとに戻ったものだから、父はさらに怖くなる。父がわかるのはこの世のことばかり、気にかけるのもこの世のことばかり、この世の道しか知らぬ父などには、わかるまいよ、イタコの口を借りて語り出されたあんじゅが姫の、人から神への道のりなんぞは。わからぬことに父はおびえて、そっと行方をくらましました。

実を言えば、砂の中のあんじゅが姫は、母の絹の下着でくるまれていたのです。あんじゅが姫は、母が砂の中に差し込んだ葭をストローにして、ちゅうちゅう朝夕の露を吸っていたのです。丹後の国であんじゅが姫は絹にくるまって彷徨い歩いていたのです。絹です、母なる絹。胎児を包みこんでこの世に送り出す「胞衣《えな》」のような、蚕の生命力の塊の繭のような絹の衣。ええ、絹は不思議です。お蚕様はするすると一五〇〇メートルもの糸を吐くんですってね、三味線の糸も絹でしたね、瞽女の歌の旅の導きの糸ですね、イタコが手にするオシラ様も蚕の神様でしたね。絹は目に見える世界と見えぬ世界をつなぐ糸ですね。あんじゅが姫は、絹に包まれ、人から神へ、転生の旅をゆくのですね。

あんじゅが姫は丹後の国で山椒太夫に捕まって、火で炙られるわ、煮立った釜の湯を裸足で渡れと責められるわ、次から次の無理難題。おーんおーん、あんじゅが姫は泣きながら苦難の山野をさまよいます。観音様を訪ねて諸国放浪、母を訪ねて三千里、泣き潰れた母の目をあんじゅが姫がすーっと撫でれば、母の闇がパッと晴れる、母のおさだは、私の身から神様が生まれたのでしょうかと喜びの涙をはらはら流す。

そうさ、地べたに生きる者たちは知っている、さまよいの旅の者は神なのです。道なき道の語りの声は神の声。神とはもっとも低きところに生きる者たちなのです。

これ位も苦しみを受けないば、神ねなるごと出来ないし、人間様だぢも、神信仰よぐ用《もぢ》ひで呉れるべし。

これはイタコの口を借りたあんじゅが姫の言葉であって、同時にイタコ自身の言葉でもあるのです。

39　恐山　水辺の祈り

夜明けとともに、お岩木様を仰ぎ見ながら、弘前発青森方面行きの列車に乗りました。がたんごとんと車窓に朝日がのぼる。津軽平野は見渡すかぎり黄金の稲穂が揺れている。私もなんだか心が震えて、ひそかにもう死が寄り添っているかのような恐山への旅。

青森から下北へ、青い森鉄道、大湊線と乗り継いで、海を見ました、咲き乱れるコスモスを見た、すすきが風に揺れていた、熊笹、赤松、蝦夷松の林、ときおり夏の名残のはかない紫陽花。だんだん寂しくなりました。林の向こうから流れくるのは、風か、遠い海鳴りか。

下北から恐山へと向かう街道には、丁塚と呼ばれる百二十四のざらざらと古い石の道標、百貳拾四丁からはじまっ

恐山

て、おおよそ百メートルおきに壱丁まで、生と死が声を交わし合う異境へと、一丁一丁近づいてゆく、その路傍には赤い前掛けのお地蔵様が点々と道案内に立つ。ようこそ恐山へ！「霊場恐山」と大書された扁額のかかる結界門をくぐれば、そこはもう目に見えぬものたちの世界です。声たちの領域です。三途の川にかかる赤い太鼓橋を渡って、山門をくぐって……、鼻をつく硫黄のにおい、積み上げられた石たちのひそやかな気配、からからから、あっちにもこっちにも鮮やかなピンクの風車が音を立てるほどに、ますます寂しい地獄谷。恐山というから、てっきり山だと思っていたのに、ここは谷です、浜です、水辺の異界です。谷を抜ければそこは極楽浜で、目の前には宇曽利《うそり》湖の、絵の具の水色そのままの湖面がゆらりと広がる。ウソリはアイヌの言葉で入り江を意味する「ウショリ」からきているらしい。湖の向こう岸には蓮華の花のようにひらひらと八つの山々。ここは極楽浄土なのだ、と案内板は教えるけれど、耳鳴りがするほどに寂しく静まり返って、賽の河原に人知れず石を積む幻の歌が耳の底にひたひた

恐山極楽浜

と寄せてくる。恐山には、二〇一一年のあの日に津波で流された方々も漂い着いているのだと、それはこの旅の途上で聞いたことでした。

極楽浜の片隅で私も石を積みました。一つ積んでは水の彼方のあの方々を想い、二つ積んでは姿なきあの方々を想う、三つ、四つ、積んで、積んで、百八つ、わが身に巣くう煩悩の数だけ、心を縛る欲望の数だけ、石をつかんで、石を積む。科学やら文明やら世の中やらが根こそぎ揺さぶられたあの日、無数の死を想うよりも、おのれの無事ばかりを喜んださもしい心を打ちすえて、供養の石を積む。草木にも石にも水にも脈々つらなる命を忘れて、傲慢な生を謳歌する荒んだ心を打ち殺して、祈りの石を積む。

このさまよい安寿の旅は、断ち切られたものたちの結びの糸になりましょうか。生き変わる物語を紡ぐ声になりましょうか。

恐山極楽浜

40　オホーンと恋になる

恐山の水辺で考えた。当たり前に読み書きしていると忘れがちだけれど、文字というのは実に不自由なものです。多くの場合、文字にされた瞬間に声はその場に凍りつく。たとえば見知らぬ誰かがどこかであんじゅと呟く。その声は聴く者次第、安寿にも庵主にもange（天使）にもなりましょう。時空を超えて無数のあんじゅがおりましょう。そのうち誰かが「安寿」と文字に刻んで、その物語を形にとどめる。文字はぶれない論理を求めるものだから、あんじゅは「安寿」でしかなくなり、辻褄に縛られ、時に縛られ、記憶に縛られる。

文字は形もなく漂うものを捕えようとします。力ずくで無数に存在しうる記憶のたった一つを捕えて留めもする。そのなんと危ういことか。文字にならぬものはどこに追いやられるのか。さまよう声がもたらす命のざわめき、あの余韻や予感や気配はいったいどこへ？

津軽のイタコの「オシラ祭文」を想い起こしつつ、そんなことを考えたのです。

「殿様のメン馬、ある時悪くなって、なに食《は》ませても食まない。八卦《はっけ》にみてもらったら、金満長者の一人娘、恋になって、その姫はオシンメ様だ、オシンメ様が食ませたら、むっくり起きた。恋になったのだ。殿様は怒って沢さ手下に捨てさせにやった。シンメイ様は、いかなる畜生でもオレに恋になったといって沢に行った。メン馬はオホーンと叫んだ。夫婦になってそこにいた。なんも食む物はない。こんどはあの天から虫が三匹おりてきた。トトコだ。そのトトコはなに食むか分からぬ。爺様の杖についた。それは桑だった。それで育てる。そのトトコで作った布をオセンダクに着せる。オシンメ様は、中は馬と姫様になっている」

これはいかにも不出来な文字。イタコの声を文字に移そうにも、文字は幾重にもぶれて、メン馬は名馬か、シンメイは姫か駿馬か神明か、そもそもシンメイ様もオシンメ様も神様たるオシラ様をさすもの。トトコは貴蚕《とうとこ》で、オセンダクはオシラ様の絹の衣。おや、ここにも霊妙なる絹の力……。

到底文字には収まらない、人も獣も虫も神も境なく、さまざまな命と声が渦巻く異界が文字を知らぬ声に呼び出されるのです。オホーンとね、恋になってね、声は怖いね。

さて、お岩木様の丹後嫌いの一件。ある説によれば、イタコが絹をかぶったあんじゅが姫の「お岩木様一代記」を語り、オシラ様にも関わりだした元禄の頃より、津軽では藩をあげて養蚕・絹織物に力を注いだ。藩としては丹後ちりめんの流入を阻みたい、そこで嵐を呼ぶお岩木様の丹後嫌いを公式見解にする。不動の根拠は江戸の百科事典『和漢三才図絵』。だって文字でそう書いてあるじゃない、と。文字も怖いね。はい、今日はこれでおしまい。

41　人の心の底なしの……

唐突な話ですが、男とか父とかというのは、逃げたい者たち、帰りたくない者たちなのではないか。ということをふっと思ったのは、「山椒太夫」ゆかりの地をさまよう旅の合間に立ち寄った、福岡の博多の沖の玄界島でのことでした。玄界島は幸若舞「百合若大臣」ゆかりの島で、蒙古と戦った英雄百合若が戦からの帰途に、家臣の裏切りによってこの島に置き去りにされたという伝説がある。

ここは昔はなんにもない無人島。玄界――闇の世界――というくらいだから、この世の果ての島でもある。そこにわざわざ帰りの船から降りて、疲れ果てたから昼寝をすると、この英雄は言ったのだ。お供して船から降りた忠実なる家臣は、不意にむらむらと英雄を置き去りにしたくなる、英雄の代わりに英雄の所領も名誉も妻もいただきたくなる、そして、主君は戦で負った矢傷ゆえ空しくなった、遺骸は水葬したと大嘘をついて、船を出す。

それにしても、昼寝するなら、よりによって玄界島でなくてもよかろうに。しかも百合若が降り立った場所は玄界島の中でも果ての果て、いまでは人の住むこの島の火葬場の先の、荒波に洗われるごつごつとした舟虫だらけの磯浜。私はぐるりと小さな玄界島を歩いて、海に迫る深緑の山の茂みからりーんりーんと鈴虫の怖いほど澄んだ声を聴き、こんなところで百合若は三日三晩のんきに眠りこけて置いてきぼりにされたのか、いや、この人は、きっともう帰りたくなかったのだ、逃げたかったのだ、自分をこの世の外に置いていくよう、凡俗の家臣の欲心に火をつけて、そう仕向けたのだ……。

その百合若を、あとに残された妻は、「恋は祈りのものと聞く。会うまで命惜しきなり」と宇佐八幡に激しく祈って呼び返そうとする。言い寄る男には、亡き殿のため、千部の経を読んで書くまではと、経を読んでは書きつづける。それはトロヤ戦争に出て二十年も帰らぬ夫、ギリシャの英雄オデュッセウスの帰りを待ちつづけたペネロペのようでもある。ペネロペは言い寄る男どもから身を守るため、どうかこの絹の織物を織り上げるまで待ってくださいと言いながら、昼には機を織り、夜には織物の糸をほどいて、オデュッセウスよ、帰ってこいと祈りつづける。この祈りの強さ深さは、ぎりぎりからみつく絹糸のようでもあり、命を包む胞衣のようでもあり、愛や憎しみや恨みや呪いのようでもある。こうして人の心の底なしの深みからこの世はひそかに織り上げられていくようでもある。

玄界島に潜む百合若を最初に見つけたのは緑丸という名の鷹でした。この鷹も妻の底なしの祈りの賜物。しかし、いったいどうしたわけなのだろうか。博多沖で果てた緑丸の供養塔が新潟は北蒲原郡聖籠町にあるという。

42　雲霧のかかる越路の

物語は旅をする、声にのって時空を超えて、現実に忍び込んだり書きかえたり、虚実の境を溶かしたり、何かをあらわにしたり隠したり。それもまた、「山椒太夫」という名の物語とともに旅を生き、丹後由良、直江津、佐渡、津軽……、なんと日本各地八十か所にも及ぶ地に伝説を残してきた変幻自在の安寿の千年のさまよいを想えば、すとんと腑に落ちることでありましょう。

「雲霧の　かかる越路の果てまでも　たずぬる法の　道はありける」とばかりに、新潟は北蒲原郡聖籠町の宝積院を訪ねたのも、安寿のさまよいが結べる縁。二〇一五年に、四百年ぶりに、佐渡に伝わる古浄瑠璃「山椒太夫」全段を復活上演した人形浄瑠璃猿八座の稽古場が新発田にある。猿八座の「山椒太夫」は、佐渡で安寿が母君に打ち殺される「山椒太

文弥人形

夫」。その稽古を覗きに新発田に通ううちに、新発田の近くの聖籠町に幸若舞「百合若大臣」ゆかりの寺があることを聞き知りました。百合若と言えば舞台は九州。越後に何の関わりが？

宝積院の由緒書にはこうある。「天智天皇の御宇二年（六六九年）、百済の国に敵が攻め込んだことから、百済の国は日本に助けを求めました。そこで、豊後の国の太宰の和田丸という武勇に勝れた壮士が百済を救いに行き、百合余の戦に負けることが無く、異国人が百合弱《べかじゃく》といったことから百合若大臣と呼ばれるようになりました」。

なるほど、百合弱か、「百」を余る「合」戦にも負けない強い男に、負けろ負けろ弱くなれと、「百合弱」と呪いをかけたのか。「百合弱」も「百合若」も、韓国語で「べかじゃく」と読めないこともない。（正しくは、ベカビャクだけど、まあ、誤差の範囲です。それにしても、いつの時代のことだろうか、江戸時代だろうか、この由緒を考えた人の朝鮮の言葉の知識にちょっと驚いた……）。

さらに由緒書はこう言う。「その後、百合若大臣は島々を平定するよう言われ、勅命により蝦夷の松前から当国に来て、此の山の洞より名鷹を得ました」。

ああ、やはり蝦夷なのか。日本の北にゆくほど蝦夷の影。幸若舞では蒙古と戦った百合若に、東北の蝦夷を征服した坂上田村麻呂が憑依する、侵略の物語にすり替わる。

そして「名鷹」とは緑丸のこと。九州の海で百合若に命を捧げた忠義の緑丸の物語ははるばる越後・聖籠へ。この地に供養塔が立てられ、緑丸追善供養のために十一面観音と仁王尊が建立され、大同元年（八〇六年）には堂舎が建てられる。ほら、ここにも蝦夷征服の影が……。ここもまた、大同年間にヤマトの政権が征服地に次々と創建した神社仏閣の一つのようではないか。

ここに眠るのは本当に緑丸なのか？　百合若と緑丸の美しい主従の物語に塗り込められた、征服者に蝦夷と呼ばれた「まつろわぬ者たち」の記憶があるのではないか？　封じられた者たちの隠された物語があるのではないか？　あの頃から今に至るまで無数の隠された物語があるのではないか？　その物語を伝える者はないのか？　さまよえる平成の安寿は隠された物語に潜む声を探している。声は蠢いている。疼いている。出口を探している。

聖籠町　緑丸供養塔

福島編

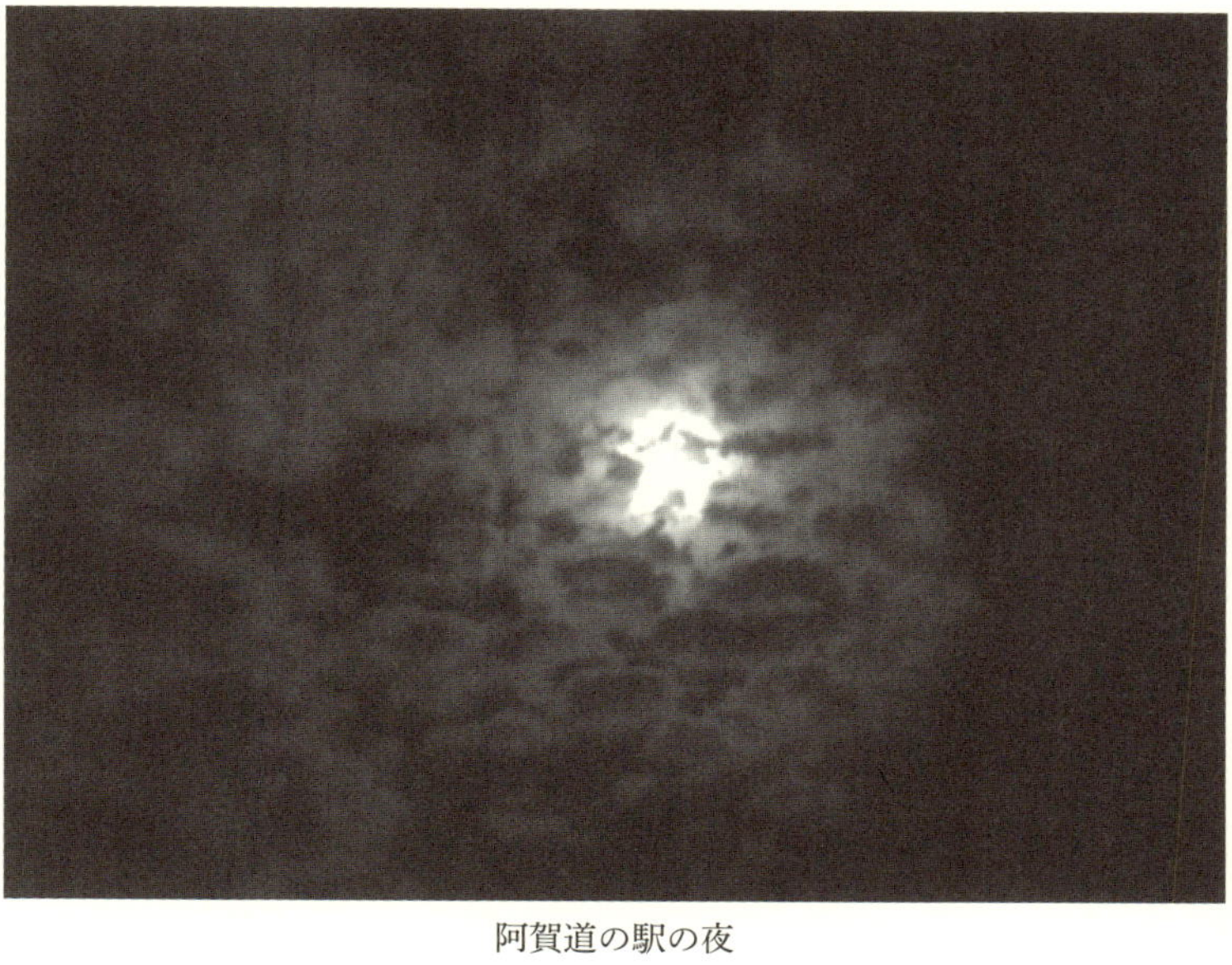

阿賀道の駅の夜

43　慣れぬ旅路に血はしたたる

冬の一夜、越後から福島へ。闇にまぎれて若松街道をひた走りました。十三夜。満月にはほんの少し欠けるだけなのに、そのひとかけの空白に胸が騒ぐ。声だろうか、言葉だろうか、人だろうか、魂だろうか、心もなにかに飢えて、どこかに駆り立てられる。

かつて安寿と厨子王と母君と侍女の姥竹が、九州は大宰府に流された父君に一目会わんと、無謀にもおんな子供だけで千年のさまよいに足を踏み出した、そのはじまりの地は福島は信夫の里。彼らが歩いたその道を、さかのぼるようにして、私は歩いていく。途中、阿賀野川のほとりの道の駅で足を止めて、野を宿として、寝袋にくるまり、雲に隠れる月を探し、闇夜を流れるこの世の川のひそかな呟きに耳を澄ました。

すぐ近くに岩手ナンバーの小さな車が止まっていたのです。年老いた夫婦連れのようでした。どんなに身を縮めても窮屈な車内を寝床に夜を過ごすかのようでした。外気は吐く息も白く冷たいというのに、道の駅の凍るような水道の水で顔を洗い、髪を洗うのでした。この闇夜の旅人たちはいったい、……、あの日からか？　足元から根こそぎ揺さぶられ流された二〇一一年のあの日からか？　人知れずあれからどこに流されていくのか？

　そんないたたまれぬ思いの底から、不穏な月の光を浴びて、さまよえる安寿とはまるで姉妹の、古説経「まつら長者」のさよ姫の、この世が平穏無事であるためにひそかな人身御供として買われてゆく血まみれの足が立ちあがる。

　しかし、思えば不思議なことです、「さんせう太夫」といい、「まつら長者」といい、古い世の語りの道を行きかう者たちは、なぜに福島をめざし、あるいは福島から旅立つのか？

　さよ姫は父の法要を立派に営むために、身を売ります。はるか奈良から福島は郡山あたりの桜の淵へと、嵐を呼び大地

郡山蛇骨地蔵尊

を揺るがし洪水を呼ぶ大蛇にその身を捧げる千人目の人身御供になるために。大蛇に食われ、水にのまれる人身御供がいるからこそ、この世は平穏なのだと人々は言います。奈良から郡山まで慣れぬ旅路にさよ姫の足からたらたらしたたる赤い血は、赤い記憶の道となる、山また山、昔は険しい峠も越えただろう、いま私もまた越後から福島へ、山また山、県境は暗いトンネルの中で越える、心は赤い血の道をゆく。無数の闇の旅人がたどった赤い血の道。

　郡山には、さよ姫と人身御供になった娘たち三十三名と観音様を祀る蛇骨堂なる祠があります。もちろん立ち寄りました。この世のひそかな人身御供の方々にぎりぎりと届かぬ想いを馳せました。蛇骨堂の裏手の墓地の広場に不自然に立つ線量計に身震いしました。数字は毎時一・五マイクロシーベルト。ああ、そうなんだね、あれからずっと、われらはひそかな大洪水の中なんだね。

郡山市線量計

44　信夫細道、不穏の道

だんだんあの日が近づいてくる。さまよい安寿は一歩一歩、時をさかのぼり、この旅の本当のはじまりの場所へと重い足を引きずってゆく。

そりゃ、疲れることでしょう。説経節「さんせう太夫」によれば、安寿の旅はもう千年も前、平安時代にはじまっている。その間ずっと、人びとの言うに言われぬ思いを背負って物語世界を旅しているのだから、足も磨り減るでしょう、爪も剥がれるでしょう、血も滲むでしょう、旅に倦むこともありましょう。

そもそも千年前に、九州に流罪となった父君に会いたい一心で、福島は伊達の郡《こおり》、信夫《しのぶ》の庄をあとにしたとき、その道の険しさに安寿の弟の幼い厨子王は早くも転んで、足から血を流している。道を染めた赤い血に、これは不吉と母君は震えた。その道の名は「信夫細道」。怯えた安寿一行は、細道の途中にある大蔵寺《だいぞう》の千手観音にすがって旅の無事を祈ったという。これは福島に伝わるひそかな逸話です。

ちなみに、大蔵寺の千手観音は、九世紀初めに征夷大将軍坂上田村麻呂が東北鎮護のために僧行基に彫らせたもの。二〇一一年三月一一日、身の丈三メートルのこの観音様は、御堂が傾くほどの凄まじい揺れにも、泰然とゆらゆらと立っていたという。

さても、古の東北の先住の民を封じ込めたこの観音様は、今もこの地のなにものかを封じ込めているのでしょうか？もしや、信夫細道は、今も変わらず赤い血の不穏な気配を漂わせているのでしょうか？

想い起こせば、かつて、「山椒太夫」の物語のはじめに、安寿とその一行はこの信夫細道を振り出しに、会津を抜けて越後の方へ、山また山の険しい旅をしたのでした。（それはまるで、二〇一一年のあの日に大洪水に襲われて、それから見えな

福島市信夫細道

い光にも追われて、町を逃れ出た人々の道のりのよう)。そして、いまようやく、遥かなさまよいの末に、安寿は旅のはじめの信夫細道までようよう帰り着いている。

この道は、福島盆地の南東の縁《へり》の山から山へとつづく尾根伝いの古い道、尾根を東に越えれば相馬にもつづく道です。歩けば、木々に囲まれ、鳥たちの声に呼ばれ、眼下には悠々と阿武隈川が流れ、盆地を家々がびっしりと埋める。仰ぎ見る空は真っ青だ。

しかし、細道の脇の林に、山の斜面に、廃屋に、あちこちに不自然に丁寧に何かを包むようにして、点々と置かれているあの大きなグリーンのシートは何?

帰ってきたさまよい安寿は怯えています。見たくないもの、思い出したくないこと、できればなかったことにしておきたいことが、そこには潜んでいるようだから。それを確かに見て、あの日の自分をありありと思い出さねばならぬことが恐ろしい。

おののく安寿のこの話はまだつづく。

45　震える弁天山

福島市内。阿武隈川を越え、うろうろと渡利《わたり》地区の小道に入り込み、弁天山へとのぼる頃から、なにやら落ち着かぬ心持だったのです。弁天山には、安寿と厨子王と父君・母君が暮らした館があった。そこを椿館《つばきだて》という。その昔、赤い椿がポトリと落ちるように突然に不幸は訪れて、安寿は椿館をあとに遥かな旅に出た。

弁天山は春には桜が咲き乱れるのだそうです。今はまだ浅い春。あたりは閑散として、閉鎖中のテニスコートは草と錆にまみれ、民家の庭には鮮やかな緑のシート。目につくのは作業服姿ばかり。道端には「ただいま除染中」の案内板。

さまよう平成の安寿は震えている。見たくないものはシートで覆ってしまえばいい、見なければ、それは存在しないの

福島市渡利弁天山椿館

だ、自分とは一切関わりないことなのだと、気がつけば、そんな荒んだ心で平然と生きていた恐ろしい自分に怯えている。

そう、二〇一一年のあの日、大洪水の岸辺で、この世界そのものが流されてゆく光景をテレビを覗き見るようにして眺めるひとりの愚かな安寿がおりました。ええ、この話はずいぶん前にしていますよね。

あのとき、安寿は喜びの声をあげた。たとえ世界が洪水にのまれても、安寿と厨子王の二人さえ無事ならば、とても幸せ、神様ありがとう。と、愚かな安寿はうすっぺらな声で呟いた。世界が失われれば、物語も失われるのにね。人は物語なしには生きてはいけないのにね。

私がここでいう物語とは、遥かな昔より、道から道へ、口から口へ、命から命へ、脈々とひそかな声で語りつがれてきた「物語」のことです。その源をたどれば、生ずれば滅する生身の儚さ哀しさに生き惑う人間に説いて聞かせる仏の教え、神への祈りでありました。それをかつては「説経」ともいい、

福島市弁天山

「祭文」ともいいました。

人も獣も虫も草も木も石も水も風も、すべての命は目に見えぬつながりのなかで生きて死んで生かされているのだと、この世では目に見えることなどほんのわずか、目には見えぬことこそがこの世を動かし、耳には聞こえぬ声こそが命のほんとうを伝えているのだと、そのことを人々は大事に物語ってきたはずでした。路傍で、河原で、この世の辻で、ひそかな声をあげて。安寿もまた、そんな物語の中に息づく無数の命の声の化身の一人だったはず。命は無数の名もなき声のざわめきの中にあったはずなのでした。

なのに、いつの間にかそんな大事なことも打ち忘れて、大洪水のあの日、あさましい喜びの声をあげて……。

我を忘れた安寿は恥ずかしい、恐ろしい、もうさまようほかないじゃないか、さまよえ、心してさまよえ、そうしていまいちど、「物語」のはじまりの場所へと立ち返れ、生きなおせ、そんな声を聴いたようでもありました。

46　とぐろ巻く問い

蛇が、するるっとね、目の前に現れた。福島はいわき市金《かね》山《やま》町、太平洋を見下ろす断崖絶壁の上の愛宕神社でのことでした。愛宕神社はキツツキが社殿に穴を開けているような素朴な山の神社。社記によれば、安寿と厨子王の祖父、磐城判官政氏ゆかりの神社なのだという。その参道の石段を堂々と青大将が一匹、じっとこちらを見やるのです。おやおや、おまえは何のお告げを持ってきたの？　さまよう安寿の旅の行方を見届けにきたのかい？

蛇は弁天様のお使いです。弁天様は、蚕の守り神。さまよいの空の下、絹糸を張った三味線で歌い語る旅芸人の神、音曲の神も弁天様です。水の神でもある弁天様と、龍でもある蛇は、水つながりの深い縁です。

蛇といえば、思い出す。上越は茶屋ヶ原の乳母嶽神社に、居多の乳母嶽明神。瞽女唄の「山椒太夫」に登場する侍女の姥竹とも深い関わりのある、あの懐かしい神々。

瞽女が歌うところによれば、直江津で人買いの山岡太夫にかどわかされて、安寿と厨子王は丹後由良へ、母君と侍女の姥竹は佐渡へと、舟は二手に別れゆく。その舟から姥竹はざんぶと海底《うなぞこ》に飛び込み、瞬く間に龍のごとき大蛇に化身して、神となって、稲妻大波大嵐を巻き起こし、山岡太夫をぎりぎりぎりと締め殺す。

その恐ろしいほどに忠義の姥竹の生まれ故郷は、福島県双葉郡広野町《ひろの》浅見川《あさみがわ》。とは、福島に来て初めて伝え聞いたこと。福島でも、行く先々で、それぞれの地の「山椒太夫」の物語に出会うのです。福島市内の弁天山にも、いわき市金山町にも、双葉郡広野町にも、それぞれの「山椒太夫」。

広野町の「山椒太夫」ではね、母君は、安寿と厨子王が人買いにかどわかされたことを悲しむあまり、なぜか広野の浅見川で死んでしまう。安寿もまた、山椒太夫のもとから浅見川まで逃げてきたところで力尽きる。忠義の侍女姥竹は、二人を亡くした責めを負って、海に身を投げ、ほら、やっぱり大蛇に変身する。大蛇は、安寿と母君を葬った地に植えられた松の木をするすると登って昇天したのだと、これも広野町の言い伝えの一つ。海辺の松の木のある丘には蛇王神社。姥竹蛇王権現がまします。

もしや、上越の日本海の荒波の化身の乳母嶽明神と同じように、広野の姥竹蛇王権現も太平洋の荒波の化身なのでしょうか。もしやもしや、この権現様こそがこの世を旅する「山椒太夫」の物語を広野の浜に引き寄せて、その風土で育んだのか？　となれば、広野の姥竹蛇王に会わねばなりますまい。

と、心は急くのに、なんと二〇一一年の三月一一日、蛇王神社も大波にのまれたというのです。

姥竹は、蛇王は、どこへ？　物語はどこへ？

気がつけば青大将の姿は失せて、問いがとぐろを巻いておりました。

47　もう千年の祈り

安寿はいわき市金山町をそぞろ歩いている。そこは県道二〇号線に沿って走る常磐線の、泉駅と植田駅の間に位置する小さな町。大昔、近くの浜でとれる砂鉄で製鉄をしたから「金山」、というわけで、今では「金」は名ばかりの寂しげな町の広場には、なぜか昭和四十九年から旅装束の安寿姫厨子王母子像が建っている。そのうえ「安寿悲歌」なる歌もある。

「海が暮れるよ　茜雲　ごらんよ厨子王　あの星の　またたく下が佐渡の島　恋しい母さま　待っている　越えて行こうね　いつの日か　おろろん　おろろん　波まくら」

町の〈安寿姫・厨子王・遺蹟顕彰会〉からの働きかけで、昭和四十八年に日本コロムビアからレコードが出たという本気の作品です。

金山町安寿母子像

町の周辺には、安寿と厨子王の父・岩城判官平正道が逆臣に殺された「姥が岳」がある。逆臣が正道の死体を投げ捨てたのは「のめし沢」。血のついた刀を洗った「太刀洗川」。成長した厨子王が逆臣たちと戦った「菖蒲沢（勝負沢）」。父の仇を討った後に臣下の労をねぎらい、安寿と母君を悼んだ「舞台」もある。藪の中、殺風景な県道沿いの沢、ちょろちょろと道路の下を流れる小川、丘の上の草むらに立つ案内板は、江戸時代に刊行された「岩城実伝記」「岩城実記」に記されたいわき版「山椒太夫」の物語に基づいて、この町の有志が立てたもの。

　世に流布するさまざまな「山椒太夫」の原点は、いわき金山にありとの信念が、かの人々にはあるのです。千年の物語は現代の現実世界と通い合い、虚実の境は信じる心のうちに溶けて消えている。

　世の人々の多くは、虚実の境は確かな事実や記録や論理整合性によって科学的に決定される、と思っているかもしれません。でも、私は、物語とともにこの世をさまよううちに、

金山町安寿悲歌レコードジャケット

だんだんとそうは思わなくなってきた。

人はみずからが信ずる物語を選び取って生きてゆくものです。みずから信じて選び取る力も自信もなければ、他人が作り出した物語にもたれかかったり、のまれたり、妄信したり、あてがわれた物語の中でそれなりに生きてゆくもの。それも選択といえば選択でしょう。いずれにせよ、どんな形であれ、われらが身を置く物語こそが、われらの現実。みずからを信ずる力、想いを馳せる力、声の力、言葉の力が貧しくなれば、物語はやせ細ります。現実はうすっぺらになります。命も軽くなってゆきます。いったい、いま、われらの命はどれほど軽くなっているのでしょうか。

福島の小さな町で、さまよい安寿は考えた。千年もの旅を生きてきた物語には、虚実の境など軽々と超える、命のほんとうがある。人間のほんとうがあるのだと。だから、もう千年、見事に旅を生きてゆく物語であれ、尊い命であれ。切に安寿は祈るのでした。

48　それは命のまたの名前

鬼の話をしよう。

福島市を通り抜け、田村、いわきと南へ下るほどに、鬼がとりついて離れない。

そういえば、福島市内の弁天山の信夫細道の脇の大蔵寺。あそこには、征夷大将軍坂上田村麻呂の守り神の千手観音が祀られていたね。観音堂は三・一一で崩れかけて、観音様は安全な場所に移されていた。ところが、ただ一匹、鬼だけが今も観音堂の天井に残されているという。

鬼の名は、陸奥の蝦夷の悪路王大武丸《あくろおうおおたけまる》。それだって、声から声へ道から道への言い伝えだから、「大竹丸」とも「大多鬼丸」とも書かれるし、時には「悪路」は「悪事」と、字面で音が通じ合って、悪事の大武丸とも記される。いずれにせよ、蝦夷の王の頭には角。だって鬼なんだからね。

とはいえ、悪路王のことも、支配と服従をめぐる血みどろの闘いの記憶も、語るのは生き残った勝者ばかりです。しかも、闘って殺して勝ち抜くことも人間にとっては心が壊れるような出来事だから、その恐怖の心は形を変え時空を超えてさまざまな物語へとしみこんで、語り伝えられてゆく。百年も千年もかけて恐怖を解毒するように。やがてそれは誇らしげな英雄神話にもすりかわる。

斬首されて岩手の平泉の達谷窟に封じられたはずの悪路王が、古浄瑠璃「田村」では、「日本を覆さんが為　数千の眷属、引き具し」、伊勢の鈴鹿山に降臨します。鈴鹿にて異形異類のこの鬼の王は、田村丸こと田村麻呂に向かって叫びます。「人の国とは、心得ず、日本は我々が国なるに」。神代の頃に、みずからが生きる地をヤマトの支配者たちに差し出した、そのときに交わした誓約をおまえたちヤマトは破ったではないか、だからこの地を取り返しにきたのだ、と悪路王は叫ぶのです。

あっ、と思わず私も小さな叫びを漏らす。支配者、征服者、勝者の驕った心にも、かつて無残な征服戦争で敗れ死んだ者たちの無念の声は刻まれているようではないか。

実は、福島をめぐるうちに、はたと気づいたことが一つ。迂闊でした。田村市の「田村」は、田村麻呂伝説にちなむものだったのですね。田村市にも、岩手と同じ、「達谷の窟」がある。ここではそれを「たやのくつ」という。「鬼穴」とも呼ばれている。蝦夷の悪路王大武丸が田村麻呂と死闘を繰り広げた地とされている。その近くには鬼ヶ城山がある。鬼五郎という名の土地もある。あちこちに鬼、鬼、鬼。太古の征服の英雄が、力にまかせて、先住の民の命も記憶も声も封じ込めた跡、跡、跡。

あのね、大切なのは、封じられた沈黙が、打ち捨てられた空白が、そこにあるということなのです。鬼とは踏みにじられた命の別名なのです。さまよえる安寿も地を這う一個の鬼だから、その空白を通り過ぎることはできない。

49　白骨の歌が聴こえるか?

鬼といえば思い出す、日本の中の忘れられた鬼の村に生きた、一匹の詩を書く鬼、その歌声。

——ここは　にっぽん　ライの尾根／ぢいさまは　クニを追われて　四十年／どこの　生まれか　妻子は　あってか／だァレも　知るもの　いやしねェ／ライに　かかって　いちどは　死んで／きょうまた　死んで　どうなさる／ぢいさまこのつぎァ　どこで死ぬ／カン　カン　カン　カン　鉦たたけ／どうせ　行き場が　ねェんなら　ぢいさまよォ　死ぬふりだけで　やめよけや（谺雄二「死ぬふりだけでやめよけや」より）

この鬼は、群馬県草津の町はずれの鬼の村、ハンセン病療養所栗生楽泉園を棲みかに、ここに鬼あり！　踏みにじられた命あり！　と、叫びつづけた不屈の者でした。この村は、この世から放り出された命たちの、ひそかな歌声流れる地でもありました。

ライゆえに、生きているのに死んだとされて、名前を奪われ、声を封じられ、地縁血縁も断ち切られて、鬼となる。鬼の村からは死んでも出ることはならなかったから、かつてそこには野焼きの火葬場があり、拾いきれない白く小さな骨のかけらは野っ原に打ち捨てられて、踏めばジャリッと声をあげる。ライにかかって、いちどは死んで、きょうまた死んで、どうなさる、ジャリジャリと骨の歌。この歌が聴こえるか、鬼たちの声が聴こえるか、ジャリジャリジャリ。

よくよく思い出してごらんよ。むかしむかし鎌倉時代に、浄不浄を問わずに念仏札を配り歩いて、仏の教えを歌って踊った時宗の一遍上人の遊行の旅は、この世の鬼と呼ばれる者たちにも開かれていた。遊行の道は、漂泊の語りの者たちの遊芸の道でもありました。遊行、遊芸の旅が生み出した、この世の鬼たちの声を潜ませた物語といえば、「小栗判官」「信徳丸」「信太妻」、そして、さまよえるわれらが安寿の「山椒太夫」。二〇一二年夏、草津の高原の鬼の村に福島の子供たちがやってきました。原発の見えない光に追われた子らのサマーキャンプ。見えない大きな力に踏まれつづけてきた鬼は、子供たちの恐怖や悲しみをありありと感じた。この子らの命が踏み潰されぬ明日を痛切に祈った。手をのばして呼びかけた。

こんにちは、みちのくちゃん!

その声を聴いたとき、語りの世界を百年千年さまよえる安寿の命までもが喜んだようでした。鬼たちの封じられた沈黙の底から、打ち捨てられた空白の場所から、命から命へと贈る声があがる、その声を聴き届けるわれらであるかぎり、沈黙へと空白へと寄り添うわれらであるかぎり、この世の物語はわれらの物語であるはず。他の誰かに語られるばかりのわれらではないはず。

そのとき私の耳には、福島のあの子らの母たちのこんな声も聴こえていました。

「私たちは今、静かに怒りを燃やす東北の鬼です」

50 えいさらえいと千年の旅

一引き引きては千僧供養、二引き引いては万僧供養、えいさらえい、幻の物語の車を引いて、さまよえる平成の安寿が深夜の東京駅から旅立ったのは、もう遠い昔のことのようです。いったい、この幻の車に安寿は何を乗せているのか。

たとえばそれが説経節「小栗判官」の照手姫の引く車なら、腐れて干からびた体で地獄よりこの世の荒れ野に送り返されて、口もきけずにのたうちまわる餓鬼阿弥陀仏《がきあみだぶつ》を乗せているだろう。「この者を、熊野本宮の湯の峯の、よみがえりの湯へつけてやれ」とは、閻魔大王の仰せだから、道ゆく無縁の衆生がかわるがわる車の引綱を手にとり、えいさらえい、野越え山越え、細道裏道闇の道を引いてゆく。引いて引かれてゆくほどに、餓鬼阿弥陀仏の命がみずみずしさを取り戻してゆく。そうだよ、私は安寿だけれども照手姫でもあるのさ、私が引くこの車の両輪の下では、いまだ地の底の無数の餓鬼阿弥陀仏の骨がじゃりじゃりと声をあげる。

この世にのさばる何者かに力ずくで封じられた鬼どもは、地の底からだって呼び出されねばならぬのです。物言わぬ鬼のその沈黙に、深い祈りを注ぎ込まねばならぬのです。声を消された鬼たちのその身悶える空白をこそ、われらの物語の車に乗せて、えいさらえい、手から手へ、大事に引いていかねばならぬのです。恥も恐れも知らぬ何者かが、この空白に、ただ美しいばかりの出来合いのお話を盗人のようにわがもの顔で流し込まぬように。

だって、どんなにきれいごとを並べても、根こそぎ壊れた世界は、もう一度はじめから語りなおすほかないのだから。なにより、鬼たちはもう目覚めている。抑えがたく命はざわめいているのだから。

山椒太夫の物語のふりだしの福島で、私、本当に驚いたんです。その昔先住の民を鬼と呼んで征伐した大和の征夷大将軍坂上田村麻呂の、鬼退治伝説が残る田村の地から放たれたあの声。「私たちは今、静かに怒りを燃やす東北の鬼です」。それはまるで、千年の時を越えて、踏み潰され地獄に落とされた命のよみがえりを告げる声のようではありませんか。

餓鬼阿弥陀仏に出会ったならば、えいさらえい、車を引くほかないでしょう。鬼たちを封じるばかりのこれまでの世界の言葉では、新しいはじまりは語りようもないでしょう。さあさあ、飼い慣らされた言葉なんぞは放り捨てて、荒野に生まれ落ちた獣のように、封印を解き放った鬼のように、ウォーンと一声、野生の雄叫びをあげて、日々生まれくる物語のほうへと出発しようか。

私ははじまりの安寿。私の赤い命はどくんどくん、風のように水のように脈々と境も果てもなくめぐりめぐるものだから、またふたたびの千年の旅、えいさらえい……。

（本稿は、『新潟日報』に、二〇一五年四月から一六年三月まで、五〇回にわたって掲載された）

「さまよい安寿」原画展

屋敷妙子

絵には絵の物語があるのです

――「さまよい安寿」原画展によせて　作家 姜信子

画家屋敷妙子とは、一年間、旅をしました。物語「山椒太夫」のヒロイン安寿を追いかける旅です。

なにしろ物語世界の安寿は神出鬼没。説経節、説経祭文、瞽女唄による「山椒太夫」、青森のイタコ版「山椒太夫」である「お岩木様一代記」、そして森鷗外による近代小説「山椒大夫」等々、さまざまな安寿がさまざまな場所から時空を超えて私たちに呼びかけるものだから、私たちもつまりは神出鬼没。津和野、大阪四天王寺、上越、佐渡、津軽、恐山、福島……、と漂い歩くうちに、なにか妙だ、旅ゆく屋敷妙子の足どりがだんだん宙に浮いてくる、だんだんこの世の者ではないような気配になってくる、安寿安寿と呪文を唱えてさまようちに、ひらけゴマ、屋敷妙子は異界の扉をそっと開いて、どうやら彼女自身がもうひとりの「さまよい安寿」となって、作家姜信子が描き出すのとは異なる、もうひとつの妖しの世界へと入り込んでしまったようではないか！
おーい、屋敷――、いったいどこまで行っちまうんだ――？
それはもう妬ましいほどの遠心力を持った想像力と妄想力。
それはもう挿絵という範疇を軽々と越えて、
絵には絵の物語があり、旅があり、世界が大きく広がっている。

原画展にお越しのみなさん、どうぞ、うっかり異界の扉を開けて、存分に屋敷妙子の世界をさまよってください。
扉の向こうで屋敷妙子に出会ったなら、どうか、たまにはこちらにも顔を出すようお伝えください。

連載第一回（以下、連載の回数のみ記載）

二

三

四

五

六

七

八

九

十

十一

十二

十三

十四

十五

十六

十七

十八

十九

二十

二十一

二十二

二十三

二十四

二十五

二十六

二十七

二十八

二十九

三十

三十一

三十二

三十三

三十四

三十五

三十六

三十七

三十八

三十九

四十

四十一

四十二

四十三

四十四

四十五

四十六

四十七

四十八

四十九

五十

トーク編

さまよい安寿の世界へようこそ

姜 信子（作家）
屋敷妙子（画家）
森澤 真理（新潟日報社論説編集委員室長、司会）

（新潟市・北書店にて、二〇一六年八月六日）

森澤　今日は、新潟日報文化面に「平成山椒太夫／あんじゅ、あんじゅ、さまよい安寿」（二〇一五年四月～一六年三月）を一年間連載してきた、作家の姜信子さんと画家の屋敷妙子さんのお二人に来ていただきました。新潟日報メディアシップ二階の「ギャラリーえん」でいま、屋敷さんの新潟初の原画展が開かれています（一六年七月～八月）。屋敷さんはじめ、姜さんや（ミニライブをしてくださる）説経祭文の師匠…みな怪しい方々で（笑）。たぶん、見に来てくださっている方々も怪しいと思います。まずお二人から一言ずつ、自己紹介をお願いします。

屋敷　いまご紹介にあずかりました屋敷妙子です。今回、新潟で初めて個展をすることができ、とても嬉しく思っています。二〇一一年から一二年にかけて『新潟日報』に連載された姜さんの「カシワザキ　「空白」をめぐる旅」にも挿絵を描かしていただきましたが、今日はその絵を持ってきました。そこに飾ってある絵です。「ギャラリーえん」には、去年四月から今年三月まで一年間、姜さんの連載「平成山椒太夫」に描かせてもらった五十点の挿絵、それを全部、段ボール二つに入れて、横浜から出稼ぎのようにして担いできたものが展示されています。新潟で展示をすることができて、本当に嬉しいです。

森澤　じゃあ、怪しい作家さん（笑）、お願いします。

姜　姜信子と申します。私は文字で文章を書いているんですが、文字で書くというよりもじつは、声で書く、語りで書くことをずっと目指しています。なので、連載を読んでくださった方がいらっしゃるとすれば、黙読ではとても読みづらかったと思います。声に出すとスルスルっと入ってくる、そういう文章で書かれていますから。もしかしたら文字は要らないのかもしれない、というような気持ちで書いていました。

声が立ち上がってくる、そういった文章に挿絵をお願いしますということで、前回の「カシワザキ」の連載に続いて、「平成山椒太夫　さまよい安寿」の連載も屋敷さんに挿絵を描いてもらいました。彼女との付き合いは長くて、十二歳からなんです。横浜市立の中学校の入学式で会って以来の友だちで、まさかこの人が絵を描く人になるとはまったく思わなかった。高校時代はソフトボールをやっていましたし。

屋敷　私も姜さんが作家になるとは思ってもみなかったですね（笑）。

姜　十二歳のときの私たちは相当なおバカでしたね（笑）。彼女は通称「うーの画伯」って呼ばれているんですが、なぜ「うーの」なのかというと、右脳でしか物事が——

屋敷　判断できない。

姜　左脳が働いていない（笑）。右脳の人と、左脳がちょっと強めの人がコンビを組んだ（笑）。それで、今日、進行役をしてくださっている森澤さん、この人は本当はきゃさりんという名前なんです（笑）。

森澤　新潟日報のきゃさりん森澤です（笑）。

姜　きゃさりんとうーの、そして私はフランシスと言います（笑）。この三人組で、「カシワザキ」から数えて延べ一年半、連載に関わってきました。

森澤　トークのタイトルは「さまよい安寿の世界へようこそ」ですが、そもそも「なんで安寿なの？」というところから、うかがいたいと思います。「カシワザキ」の連載が終わってしばらくたった後、フランシスから突然、「実は、安寿を追い求めたいんです」とメールが来たんですね。「なぜ安寿？」と、そのときは思いました。

「カシワザキ」について補足すると、連載の契機となったのは「三・一一」、東日本大震災です。国内は「絆だ、絆だ」と沸き立っていたけれど、皆それだけでは割り切れない、モヤモヤした気持ちがあったと思うんです。ところが、あっという間に時間は流れ、今はリオ五輪、東京五輪一色になっている。あのモヤモヤは一体、どこに行っちゃったんだろうと。それから、「カシワザキ」というタイトルですが、姜さんは旅の作家としても知られています。ユーラシア大陸を駆けめぐって、いろんな旅の物語を書いていらっしゃる。生まれて最初の旅が柏崎市（新潟県）だったそうですね。

姜　物心ついていないときに、初めて親と一緒に柏崎に来て、一年ぐらい住んでいました。もともと横浜にいたんですけど、それでまた柏崎から横浜に戻った。

森澤　人生最初の旅が柏崎。しかも、気づいてみたら、柏崎刈羽原発という世界最大級の原発が立つ地になっていた。震災や福島の原発事故で日本社会が揺れ動く中、もう一回、足元のルーツを見直そうというので「カシワザキ」の連載をしてもらったんですね。

姜　で、なぜ安寿なのかですよね。

森澤　そうです。そこからなぜ安寿へなのか、説明がないと世界に入れない。

姜　ちょっとだけ真面目な話をすると、三・一一の後に、ものすごく「近代」って何なんだろうと考えたんです。文学の世界で「近代」を考えると、たとえば夏目漱石とか森鷗外が出てくる。近代文学をつくった人たちですが、その森鷗外が『山椒大夫』という近代小説を書いている。室町時代頃から語られていたとされる説経節の「さんせう太夫」をもとにして書いたんですね。そのとき森鴎外は説経節「さんせう太夫」をどう改変したのか、それが自分のなかでものすごく引っかかっていたんです。これ、話し出すとこれだけで時間が終わっちゃう（笑）。

で、「さまよい安寿」で何をやりたかったかというと、本来、語りとか声とかっていうのは、地べたから生れてくる物語の世界なんですね。物語を運んでいた者たちも、もとは念仏聖のような宗教者だったりもしたのですが、のちにはいわゆる賤しき遊行の民となり、河原者となり、あるいはこの世の者でさえないかもしれない。そういう人たちが運んでいた地べたの物語で、しかもその地べたの物語を聞くのは地べたに生きている庶民なわけです。そういう地べたに渦巻いているいろいろな情念が、森鴎外の『山椒大夫』になったときに、すっかり毒が抜かれて、とても端正な近代文学になるんですね。

これは連載のなかでも書きましたが、たとえば、説経節では安寿はものすごい拷問にあって殺されます。同時に山椒太夫も見せしめとして非常に残酷な形で極刑に処される。ところが、森鴎外の『山椒大夫』では、安寿は自らこの世から身を引くようにして沼に身を投げ、山椒大夫はといえば、改心して奴婢たちを解放し、その結果ますます栄える。近代の論理、自由と平等を啓蒙する上から目線の小説にすり替わっているんですね。その代り、地べたの語りの魂は抜かれた。だから、もう一回、語りを取り戻そうよ、地べたの声を取り戻そうよ、近代の破たんが見えているこの平成の世の今こそ、森鴎外が綺麗なところに納めてしまった安寿を彷徨い出させようよという思いがあって、きゃさりんに安寿を書きたいと連絡を取ったんです。

森澤　「カシワザキ」から地続きなんですね。屋敷さんは、「安寿の連載で絵を描いて」と言われたときに、どう思いました?

屋敷　そんなに深い訳があるとは知りませんでした(笑)。いま知りました(笑)。それは嘘だけど、フランシスのように論理的に分解して、目の前のこととか現実の事象とかを把握できないから絵を描いているのであって。

森澤　じゃあ、右脳の産物というか(笑)、右脳

カラーの原画は、178頁に

から生れた三枚の絵を手がかりにして、話を進めていきましょう。連載は五十回あるんですが、みなさまのお手元に三枚の絵とその時々の文章があると思います。この文章からどうしてこの絵になるんだと考えていただけると楽しいと思います。まず、連載では十二回目ですね。「闇の知らせ」が出てくる回です。画伯、これ三人いるんですけど、鼓笛隊ですかね(上図)。どういうところから生まれてきた絵なんでしょうか?

屋敷　いつもそうなんですけど、姜さんは早めに文章を送ってくれるんです。自分なりにそれをけっこう読み込んで、印象に残ったことや、おそらく姜さんにとってはここが一番ツボなんだろうなと思うところを絵にしようと思って描いていました。

姜　前提としていちおう言っておきますと、私は文章を渡すんですけど、文章を説明するよう

な絵は絶対描いてほしくないっていつも言ってたんです。絵は絵で独立していて、妄想の世界があって、文章の妄想と響きあっているような、一プラス一は二じゃなくて、倍々になっていくような、そういう絵をお願いしますと。屋敷画伯の世界をつくってくださいとずっと言っていたわけです。

屋敷　絵描きは世の中にたくさんいるなかで、なんで私に頼むかということを考えて描いてほしいと言われていました。この絵なんですけど、文章を読んだときに、きゃさりんとフランシスと私と、高田でしたっけ?

森澤　上越市高田に、取材旅行に行ったんですね。山椒太夫の大事な舞台の一つが新潟県。佐渡は、盲目になった安寿の母の「安寿恋しやほうやれほ」で有名ですし、上越市直江津では安寿親子が悪い人に引っかかり、売られてしまう。とても大事な、不幸の始まりの場所です。しかも高田は盲目の女性芸人、瞽女《ごぜ》さんがいた土地。歩いた道も残っているだろう、まずはこの辺から行ってみようと。ちょうど高田で、人形浄瑠璃の猿八座が山椒太夫の公演をやっていて、それを見ようということもありました。

屋敷　三人で取材をしていて、私が勝手に鼓笛隊だとかを思い浮かべたんですね。文章のなかに書いてないと言われたんですけど、私のなかにはそういうイメージが浮かんできた。これはもう絶対、鼓笛隊だって。鼓笛隊ってふつう、指揮棒を振る人がいて、それに鼓笛の子たちがくっ付いて行く、同じ方向に行くのが鼓笛隊だと思うんですが、われわれ三人はみんなそれぞれ違う方向に行く。三方向に行く。ここの取材でいうと、闇のある世界だから、まあこれが妥当だろうな、もうこれしかないっていう感じで描いたんですね。

姜　だって瞽女さんの取材に行ったんでしょう？　それが鼓笛隊に変換されちゃった（笑）。お花畑は？

屋敷　お花畑は、暗闇と、それから生と死というか、天と地というか、その間を彷徨っているっていうので、こういうイメージになった。

姜　文章を読んだだけじゃなくて、一緒に三人で高田を歩いたわけじゃない？　同じ高田を歩きながら、私が感じたことと画家が感じたことがまったく違うよね。

屋敷　たしかに、そう。それはいつも感じることで、私は一緒に取材をしているので、同じ場所と同じ時間を共有しているんですが、文章が立ち上がってきて、それをもらうと、彼女はここでこんなことを考えて、こんなことを見つけて、世の中はこういうふうにつながっているんだっていうのがすごくよくわかるんですね。それがすごいといつも思っています。

姜　だからね、一緒に歩いていた高田でなぜ鼓笛隊が出てくるのかっていう（笑）。

屋敷　やっぱりそれは、この三人組だからだと思います（笑）。

森澤　私もこのときの取材をもとにして、人形浄瑠璃の山椒太夫についての特集記事を書いたんですが、三人ともやることは全然違う。姜さんは「この三人を結ぶのは、やくざな稼業で身過ぎ世過ぎ、この世のはずれの彷徨い人」と軽やかに書いているんですが、私はとても地道で真面目なサラリーマンでして（笑）。

姜　そんな堅気がきゃさりんって名乗らないでしょ（笑）。

森澤　姜さんはいきなり人の顔を見て、コードネームをつけるんですね。会って名刺交換してしばらくしたら、「じゃあ、あなた、きゃさりん」って言われて、まあ、いいかって（笑）。でも、考えてみたら、名前なんていろいろ変わっていってもいいのかもしれない。人間は一つの名前しか持っちゃいけないっていうのも、たぶん違っている。その時々にいろんな名前があって、いろんな声を聞いたり、いろんなことをしたりするのが普通だという感覚が、とても面白かったですね。

屋敷　フランシスのつけるコードネームは、その人をよく表していると思いますよ。だから、きゃさりんは「自分は堅気のサラリーマンだ」ってよく言うんですが、やっぱりきゃさりんだと（笑）。

森澤　「うーの」は気に入りました？

屋敷　う〜ん。

森澤　微妙なようですね（笑）。

姜　でも、三人一緒に連れ立って歩いて、同じものを見ていて、出てくる物語が違うというのはものすごく真っ当なことでね。さっきの近代以前、近代以降の話に戻ると、近代以降はテキストに文字が書かれちゃうと正しい物語が一個になっちゃうんですね。それを語りに引き戻すと、たとえばここで語りを、声だけ、耳だけを頼りに聞いたときに、声と声のあいだを一人ひとりの想像力が埋めるから、みなさんが別の物語を聞いて、別の物語を持って帰るという現象が起きるわけです。母胎になっている物語があっても、一人ひとりが別の物語を持つというのは、じつはとても大事なことだと思うんです。だから、私が声で語るようにして立ち上げた物語に、さらに勝手に物語を立ち上げる、これはじつはものすごく正しい。で、この鼓笛隊はどこ行くの？（笑）

屋敷　だからバラバラの方向に、三方向に行くの。

姜　これからばらけて行っちゃうわけ？　闇のなかを。

屋敷　そうそう。

森澤　でも、お花が咲いているから何とかなる（笑）。

姜　死後の世界だよ（笑）。黄泉の世界（笑）。いや、でも、ほんとに恐ろしいことがこのときにあって、さらっとこの連載のなかには書いたんですが、高田の街をさんざん歩いて、三人で喫茶店に入った。あそこはジャズ喫茶ですね。

森澤　ライブもやると言ってましたね。表の通りも、瞽女さんが昔、歩いていたところなんでしょうね。

姜　そこで三人でしみじみ話をしていたら、いきなりパーンという音がして、その店の電源が落ちたんです。ブレーカーを上げても電気がつかない。高田全部が停電になったのかなと思っていたら、結局、停電が起きたのはその店だけ。三人がいるときにいきなり真っ暗になって、最終的には蠟燭が出てきたんですけど。

屋敷　そんなことがあったね。

姜　高田瞽女の写真を見ると、三人で歩いている写真がけっこうあるんですよ。手引きをする人がいて、三人でつながって歩いていく。それでわれら三人も瞽女の気持ちになって、高田の店で、「瞽女は夜も昼も電気をつけずに真っ暗のなかにいたんだよね」みたいな話をしていたら、いきなりパーンと。そのときも何かが来たんだねって言い合ったんだけど。語りとかを追いかけていると、そういうことがけっこうあるよね。

屋敷　たしかにね。不思議な現象というか、何かを呼んじゃうのかなって思うようなことが、けっこうありますね。

森澤　じゃあ、次の絵（左図）にいきましょうか？　これ、私がもし描けって言われたら、田螺だな（笑）。そういう感じですよね。田螺がぞろぞろと。色がまたすごく綺麗ですよね。これは三十二回目、「花は散りても春は咲く」。場面は佐渡ですね？

カラーの原画は、190 頁に

姜　佐渡が舞台だけれども、話は伊勢に飛んでいる。

森澤　『大菩薩峠』が出てきますね。

姜　『大菩薩峠』を介して伊勢から佐渡につながる、っていうことですね。佐渡ではまた佐渡独自の「山椒太夫」が文弥人形で演じられているんですが、独自というのは、説経節では拷問で死んじゃうはずの安寿が、佐渡の山椒太夫では、佐渡まで渡っていって佐渡で死ぬんですね。それだけでなく、もっと興味深いのが、佐渡各地でさまざまな安寿の伝承があり、安寿を供養する塚がある。そもそも、いったい、この安寿塚はいったい誰が建立したものなのか。この問いが伊勢と佐渡を見えない糸でつなぐんです。

これは結論から言っちゃうと、かつて佐渡には修験者がたくさんいて、修験者は、いわゆる熊野比丘尼と呼ばれるような女性と一緒になっていることが多かったというのですが、これは、つまり、民間の信仰の話になりますね。たとえばよからぬことがつづくようなときに修験にお祓いをお願いする、修験がむにゃむにゃと何事か唱えると、比丘尼にポーンと霊が降りてきて、「おまえのところの裏の庭のあの木に狸がとりついている」みたいな（笑）。そういうような背景をもって建てられたであろう塚が後々、行き倒れの庵主《あんじゅ》＝比丘尼を祀る塚に置き換わり、それが「山椒太夫」の物語と結びついて、安寿塚と呼ばれるようなものに変じていったのではないかと。

じゃあ、その修験者たちはいったいどこから来たかといえば、佐渡の外からの旅人ですね。熊野比丘尼も。佐渡には金山がある。たくさんの旅人が誘われてくる。その本拠地の相川には伊勢と関わりのあるらしい女たちも流れ込んでいる、伊勢もまた中世には勧進巫女が盛んに活動していて、やがて伊勢の勧進巫女も熊野比丘尼と同じように漂泊の歩き巫女になっていく、そういういわゆる歩き巫女もまた、金山の賑わいに呼ばれて、佐渡の相川に流れ着いたんだろう、佐渡からこの世を眺め渡しても、熊野、伊勢といった宗教に根っこを持つこの世の旅人たちの風景が浮かび上がってくる、と、まあ、そんなことを考えたんですね。

さて、いまの私の話から、この絵にあるリボンはどう関わるのか？（笑）。いったいこのリボンはどこから出てきたの？（笑）

屋敷　これはリボンというより、浴衣の女の子の赤い金魚みたいな帯をイメージしたものなんですね。赤は血のイメージ。紐のところから赤い線がこっちに流れてきていますが、この子たちは伊勢から佐渡へずーっとこの房を引きずって歩いてきている。足もちょっと赤くなって。

姜　裸足なのね。

屋敷　そうそう。裸足だし、どんどん赤い房が重くなっていく。姜さんがいつも言っている、地べたを這うように生きている普通の人たち、名も知れぬ人たちの思いであったり、気持ちであったり、苦しい生活であったり、そういうのを掬い取りながらずーっと佐渡までやってきている。そういうイメージだったの。けっこう真面目。

姜　この子たちは下半身しか見えていないけど、まだ少女だよね。

屋敷　少女。やっぱり大人より子どもの方がすごくピュア。何でも掬い取っていくっていうか、スポンジのようにして良いものも悪いものも全部吸ってしまう。それを判断して良いとか悪いとか言うのが大人。私はそう思っているので、この房を持ち歩いてどんどんぼってりとなっていくのは、やっぱり少女かな、って。

姜　怖いね。

屋敷　(笑)。でも、これは好き。

姜　これが三十二回目で、この後にじつは、この絵とシンクロするような話を私は書くことになるんですね。どうしてこの絵が描かれたのかというのは、いま初めて聞いたんだけど。後々、福島に行くんです、連載の最後の方で。そのときに、「まつら長者」の話を書くんですね。「まつら長者」というのは、これも古説経なんですけど、お父さんの十三回忌の法要をするために身を売る少女がいて、さよ姫という。そのさよ姫が、奈良の方から福島の方まで、いまの地名でいうと郡山あたりまで売られてくるんですね。

福島でさよ姫に何が待ち受けているかというと、恨みをもって死んだ女が龍と化して住む沼があって、年に一回、若い娘を人身御供で差し出さないと沼が溢れて洪水になってしまう。その千人目の人身御供としてさよ姫は買われてきたわけです。そのときに、買った人は早く龍にこの娘を食わせないといけないというので、奈良から休ませもしないでどんどん歩かせる。足から血が流れて、血を滴らせながら、ずーっと福島まで歩いてくる。そうすると、血の筋が一本、ずーっと続くわけね。血の滴る道。その血の道の上を説経の物語が進んでいくんです。この話、したことがなかったでしょう。

屋敷　ない。初めて。

姜　だから、伊勢から佐渡へと続く話の挿絵だったはずなのに、まさに古説経のさよ姫の挿絵にもなっている。時空を飛び越えて絵がちゃんと飛び出してきている。

屋敷　いま聞いて、すごく近いかもしれないと思った。どういうつもりで描いたか、何を込めて描いたかってことにすごい近いなと思って、びっくり。

姜　邪念を持っている人がこの絵をさすったら、あの帯が邪念を吸い取ってくれて、どんどん赤く膨らんでいく。

森澤　怖い（笑）。ところで、文章を受け取った後、何日くらいで描けるものなんですか？

屋敷　連載は一週間に一度だったので、だいたい五日間で仕上げようと思って。それで六日目に新潟日報に送っていました。

森澤　すぐにイメージが固まるときと、かなり苦しむときってありました？

屋敷　本当にその通りで。まったく何も見ないですごく現実離れした絵を描いているみたいに見えるでしょうけど、私は資料を見ないと描けない方なんですね。こういうのが描きたいと思ったら、たとえば帯なんかでも、自分のイメージに一番近いものをインターネットとか、自分の持っている写真や本、雑誌とかでがーっと調べる。資料があれば三日くらいで仕上げることは可能です。でも実際は、資料を集めてスケッチをして、このカタチでOKと自分で思うまでが三日から四日間で、手を入れ仕上げていくのが二日間、寝なければ三日間ありますね（笑）。こんなペースで描いていました。

森澤　この帯は、どうやって見つけたんですか？

屋敷　これは、インターネットで、女の子が着ている後姿があって、これだと思って。帯の形のぷっくらしたところだけスケッチして、手のところとか、ぶらさげているのは自分で創作しているという感じですかね。

森澤　屋敷さんの絵では、女の子二人とか、鬼二人とか、ツインが出てくるのがあるんだけど、あれはモチーフ？

屋敷　なんでしょうね？　けっこうツイン好きですね。

姜　女の子二人が立っているので、ものすご～い恐ろしい映画が、スタンリー・キューブリックの『シャイニング』。ジャック・ニコルソン主演でしたね。呪いのかかったホテルで、女の子二人の亡霊がまさにこんな感じで立っている。

屋敷　怖い。今日、一人でホテルに泊まらなくちゃいけないのに（笑）。

姜　二人、つまり阿吽《あうん》でしょう。生きている人、死んでいる人が手を繋いで、生と死の交感みたいな。理屈をつけようと思えばいくらでもつけられるんだけど、でも、あんまり解釈したら絵ってつまらないんですよね。

屋敷　けっこう、これで行こうって決めるまでに時間がかかる方なんです。いろんなことを考えちゃう。良いのかな、悪いのかな、って。人って、絶対にこうだと決めてもそれは絶対じゃないじゃないですか。正と悪とか、黒と白とかじゃなくて、その中間のグレーが一番多いと思うんで、やっぱり二つが好きですね。結局、もとに戻っちゃった（笑）。

姜　一人の人が真ん中でエヘンと立っているんじゃなくて、決めかねている二人が並ぶという感じ？

屋敷　そう。けっこう多い。

姜　心の迷いの二人なわけね。

屋敷　それが一番、自分ではしっくりする。でも、普通に絵を描くときは、絵を見せようと思うので、一人ぼーんと置いた方が目立つんですね。だから、一人っていうのもけっこう多くて、大きい顔で描いちゃったりもする。でも、しっくりくるのは、やっぱり二人かな。

森澤　面白い。姜さんが生と死って言ったけど、昔と今の景色とで何が一番違うんだろうと思って、少し調べてみたんですね。身の周りで考えると、昔の人は必ずと言っていいほど、兄弟姉妹の誰かが死んでいる。抗生物質などのない時代、十人生まれても、三人ぐらいしか育たない。十代のうちに相当な確率できょうだいを亡くし、親には「お前の弟、妹、お兄ちゃん、お姉ちゃんが生きていたら…」と言われて育つわけ。つまり、生きている人みんなが「死の物語」を一つくらいは必ず持っていた。

戦国時代の武将にはたくさんの側室がいましたよね。「なんだ、これは」と思っていたんだけど、女性がお産で亡くなる時代です。感染症が死につながり、乳幼児死亡率はすさまじく高い。好色な武将も当然いたでしょうけれど、家を守り、血を繋いでいくために、自分の子を生んでくれる女性を複数、キープしておかなくてはいけない面があった。

そして、現代の話です。以前、授業を持っていた大学で、十八、九歳くらいの学生さんに死についてのアンケートを取ったんです。そうしたら「生まれてから一回もお葬式に行ったことがありません」という答えが結構あった。その代わり、家族の介護体験は豊富なのね。七十代のおばあちゃんがそのお母さんを看ています、とか。まさに超高齢社会。

私たちはいま五十代ですけど、二十歳ぐらいになるまでには親戚のお葬式に出たりして、リアルな死を体験していた。ところが、いまの若者たちには延々と続く「生」の風景しかない。「ペットが死んですごく悲しかった」っていう人はいたけど。十八歳になっても身近な人の死を全く経験していない世代がいる。これは逆にすごい風景、怖いことなのかなと。

一方の安寿は、いろんなところで生き返ったり、死んだりする。一見、惨いような気がするんだけど、自分がたまたま生かされているという感覚があるかどうかって、とても大事じゃないのかなと思ったんです。

姜　生のなかに死がちゃんとあるってとても大事なことで、うーの画伯の絵に限らず、絵の中に死の匂いがないのは、官能性がないっていうか。死というのはエロスでしょう。エロスのない表現は、表現としてはたぶん死んでいるんだろうなって、逆の意味で思うんですね。

森澤　絵の話に戻ると、足元のブルーがすごく綺麗。アクリルで描いているんですよね。

屋敷　乾かないので、アクリル以外では一週間に一枚はできない。もともとは油絵を描いているんですが、今回はアクリルで奮闘してみました。

姜　そろそろ次の絵（左図）にいきましょうか。
森澤　じゃあ、みなさま、資料をぴらっと捲っていただくと、四十四回目「信夫細道、不穏の道」。見出しに「見たくないもの」の語がある。これはどういう絵なんでしょうか。
屋敷　これはけっこう分かりやすいかなと思います。見たくないから片目つぶっているみたいな感じで。

カラーの原画は、198頁に

姜　でも、片目は開いているんでしょう？
屋敷　そうそう。なんか怖いもの見たさみたいな、そんな感じですかね。あとはまあ、姜さんの文章から、福島の原発の除染員の服装。蝶はけっこう好きでモチーフとしてよく描くんですが、人の魂っていうつもりで描いています。月の満ち欠けとかも絵のなかでよく描くんですが、人が生まれて生活して死んでいくっていう循環ですか、そういったものを込めて月の満ち欠けみたいなものを描いている。あと、さっきも言いましたが、赤い帯ですか、帯というか房ね、あれは絶対必要だと思って、この絵のなかに入れたんです。
姜　血の色なんだよね。
森澤　挿絵五十枚という数もだけれど、一週間に一回のペースで描いていったのがすごい。私たち記者も、長期連載をする時は自分との闘いみたいなところがある。締切は決められているので、もう千本ノックのようにひたすら書いていく。屋敷さんの場合、シリーズを描いていくなかで、画家として変わっていくものって、ありましたか？

屋敷　不思議なもので、自分のなかから出しちゃうともう何も無くなっちゃうんじゃないかと思うんですけど、逆で、出し続けるとどんどん出てくる。最後の方はけっこうそういう感じでした。ぽろっと出てくるというか、そういう感じで描けていました。

あと、姜さんの書く文章って、歌っぽいんですよね。読んでいると、耳元で、姜さんがしゃべっているみたいな、しゃべり口調と声が聞こえてくるんです。だから、それと合わせて、千本ノックじゃないですが、出し続けて、すごく気持ちよくなっていたという感じですかね、最後の方は。

姜　毎晩、耳元で囁いていたの、知らないでしょう（笑）。

屋敷　ちゃんと聞こえていたから（笑）。

森澤　せっかくなので、フロアトークもやろうと思います。この辺、訊いてみたいですっていうことがあったらお願いします。

会場　姜さんの本を読んでいて思ったのは、最初の頃の『棄郷ノート』とか、あの辺だとかなり論理的な話を書いていらっしゃったのが、最近の本だとだんだん「語り」になってきている。その辺の文章の変化といいますか、その辺がどういう形で変わってきたのかなって知りたいんですが。

姜　『棄郷ノート』の後に『ノレ・ノスタルギーヤ』という本が出ているんですが、たぶんそこでがらっと変わっているんですね。二〇〇〇年代の最初の頃ですけど。何が私のなかに起きたかというと、論理で書くってのはじつはものすごく簡単なことなんですね。理屈で書くっていうのは。私自身があちこち旅して歩いて、いろんな人の話を聞くという経験を重ねていくと、理屈で話をする人なんかいないんですよ、世の中に。後から自分の思ったことに理屈をつけるという作業を人間はやるんですが、最初に出てくる一声って理屈じゃないですね。話慣れている人は別として。

じゃあ、どうするかというと、自分の体験を何かに託すってことを多くの人はやるんですね。何に託すかというと、たとえば歌であったり、あるいは歌のなかでも神様のほうにすがっていくと讃美歌であったり、南妙法蓮華経であったり。お経だって理屈はあるんだろうけど、実際にお寺でお経を唱えている人のほとんどは理屈なんかなくて唱えているわけですね。

つまり、私が考えたのは、理屈は理屈が好きな人には通る話であるかもしれないけど、この世の中は理屈じゃないところで動いている。感情の流れのなかで動いている。物語というのはそもそもそういうところから生れ出てきているとすれば、人の心に心底届く、骨身にまで滲みるような物語を立ち上げるとしたら、それはもう論理を超えるしかない。論理で表現できることなんてのは、たぶんほんのわずかなんですね。

音楽にしても、もちろん楽譜があって、音楽の規則があって、作曲なんかするんだろうけど、原初、最初に生まれた音楽は、そういうルールがないところで、日本語で話しているのだったら日本語の抑揚、イントネーションから始まって、これがだんだん歌になってくるみたいな、そういうところから立ち上がってきた。その始まりの物語、始まりの歌を何とかいまのこの世の中で生みだせないだろうかって、ほとんど祈りにも似た気持ちで取り組み始めたのが二〇〇〇年代のはじめだった、という感じなんです。

会場　これはどれぐらいの取材をして書かれたんですか？　延々といまも旅をしていらっしゃるんですか？

姜　この連載では、連載のはじまる一年前から取材の旅ははじまっていました、取材というより、ひたすら山椒太夫ゆかりの地を歩くんですね。歩いて分かることも多々あります。たとえば、瞽女歌の山椒太夫では、「うば竹」が海に身を投げた後に大蛇に変身して祟るわけですが、なんで越後の高田瞽女の山椒太夫にかぎって、うば竹は大蛇になるの？　ってすごく思うわけです。そんな問いを胸に、この道をきっと語りの芸人たちは歩いたんだろうなって思いながら上越の道を歩いて――いまの大きな道じゃなくて、昔の道ですが――高台から日本海を眺めやる。すると、東西の波が激しくぶつかって波が立ち上がって、龍のように見える場所がある。そうか、あの波が龍なんだ！　うば竹大蛇なんだ！　不意に気づくんですね。そうやって風土に根差したものを感じ取る瞬間がある。

身体で感じなければわからないことってたくさんあって、それが、旅に出る、その場に身を置く、語りをそこから立ち上げるという行動につながっていくんですね。ここ二十年近くずっと使っている自分自身のキャッチフレーズが、「読む、書く、歌う、旅をする」なんです。これ全部でひとセット。だから、書き続ける限りは、これからも旅をしようと思っています。

（おわり）

資料編

（能「婆相天」／説経祭文　薩摩若太夫正本「三庄太夫　船離段～宇和竹恨之段」／越後瞽女段物　祭文松坂「山椒太夫　舟別れの段」／佐渡文弥人形台本「山椒太夫　鳴子引きの段」）

資料編　解説

そもそも語りとは声とともに立ち現れ、声とともに消えてゆく。「山椒太夫」を語る声が道の上から消えてしまった今となっては、まずは、文字としてとどめられているものが「さまよい安寿」の旅のよすがとなった。「山椒太夫」のテキストとして現存している最も古いものは、天下一説経与七郎正本『さんせう太夫』（寛永一六年頃刊）と言われる。これは近世—江戸初期—に人形とともに演じられた「操り芝居」の説経正本であるが、ここには中世の語りの世界の面影が残されているという。この語りの世界から、後の世の幾多の「山椒太夫」も生まれ、やがて森鷗外の『山椒大夫』もまた生まれることになる。説経正本「さんせう太夫」については、東洋文庫『説経節』（平凡社）や『説経集』（新潮日本古典集成）等に詳しい。

本資料編には、入手の難しいテキスト四編を収めることとした。以下、簡単な解説を加える。

「婆相天」。これは能の古曲であり、人買いによる悲劇を扱った「隅田川」「桜川」などと同種のテーマの作品だが、長らく廃絶曲となっていた。この古曲が新潟県上越市ゆかりの「安寿と厨子王とその母」の物語として、一九九九年に五百年ぶりに復曲・上演され、さらに二〇〇一年に市制三十周年記念事業として上演された。物語の舞台は直江津。問左衛門《といのさえもん》によって姉弟が東西の船に分かたれて売られていく。その母が悲嘆のあまり地下世界に堕ちていくのを千手観音の身代わりの婆相天が天上世界に救い上げるというシンプルな構成の物語となっている。

「説経祭文　薩摩若太夫正本　三庄太夫」。これは江戸後期に「説経祭文」として一世を風靡した薩摩派によって説経芝居として上演されたもの。江戸初期に盛んであった説経節（＝説経操り芝居）は次第に廃れ、その物語は山伏祭文によって伝えられるばかりになっていたという。山伏祭文は錫杖や法螺貝を打ち鳴らし吹き鳴らしながら語るのだが、錫杖・法螺貝の代わりに三味線を伴奏として祭文を語って人気を博したのが初代薩摩若太夫。この「若太夫正本」はそれまでの説経正本と多々異なる部分がある。その一つが、入水した宇和竹が大蛇になって人買いの山岡に復讐を果たし、ついには宇和竹大明神となって祀られるというような部分である。薩摩派説経祭文はやがて江戸の舞台を離れ、多摩地方へと本拠地が移り、また若松派のような分派も生まれた。なお説経祭文では「三庄太夫」「三荘太夫」と複数の表記があるが、本書では「三庄太夫」に統一した。

「越後瞽女段物　祭文松坂「山椒太夫（舟別れの段）」」は、最後の高田瞽女杉本キクイの語りがテキスト化されたものである。高田瞽女が伝えているのは、「山椒太夫」のなかでも、「舟別れ」と題する二段のみという。興味深いのは、この「舟別れ」の段では、「説経祭文　薩摩若太夫正本」と同様、うば竹が大蛇となって復讐を果たす。江戸後期以降に説経祭文において語り出されたこの「うば竹復讐譚」が、どのような形で瞽女の「山椒太夫」と結び合ったのか。旅の宿で祭文語りと同宿となった時に聞き覚えたものなのだろうか。たとえば、長岡瞽女小林ハルは、「信徳丸」についてであるが、山形の米沢で二十日間同宿となった祭文語りから聞き覚えた文句を瞽女唄「信徳丸」に付け加えたという。

「佐渡文弥人形台本「山椒太夫」」。佐渡に伝わる「山椒太夫」もまた独特である。従来の説経本と大きく異なるのは、うば竹の息子宮城小八郎なる若武者が主要な登場人物のひとりとなり、活劇的要素を加えていること、この宮城の小八郎が拷問で息も絶え絶えの安寿を佐渡へと運んでゆくこと。そして、佐渡で安寿が盲いた母に打ち殺されること。このテキストは舞鶴西図書館所蔵の糸井文庫本による。その節は義太夫節よりもさらに古い文弥節。中央では衰退した文弥節は佐渡、加賀、日向、薩摩に伝承され、今に伝わっている。

（姜信子）

復曲

能「婆相天」

次第
東船人「風吹き叶ふ浪の上。風吹き叶ふ浪の上。
船路や静かなるなん

東船人 詞「斯様に候者は。東国船の船人にて候。順風吹き出で候程に。越後の国直江の津に舟をのらばやと存じ候。

西船人 詞「是は西国船の船頭にて候。順風吹き出で候程に。只今越後の国へと舟をのり候。

歌「思い立つ。浪路の末のはてしなき。浪路の末のはてしなき。うきねのかもめたちつれて。なぐさみおほき舟路かな。追手の風に帆を上げて。急ぐしるしの程もなく。直江の津にも着きにけり。直江の津にも着きにけり。

詞「急ぎ候程に。直江の津に着きて候。いつもの如く。問の左衛門殿へ参ろうずるにて候。

東船人「やー。御身は西国船の船頭殿にて候か。

西船人「さん候西国船の船人にて候。又御身は東国船の船頭殿にて候よ。

東船人「久しく當津へ舟を乗らず候が。東国西国心を合わせたるごとく。只今当津へ舟を乗りて候はいかに。扨御身はいづくへ御着きにて候ぞ。

西船人「我等は問の左衛門殿へ参り候。

東船人「我等も問の左衛門殿へ参り候間。則ち同道申そうずるにて候。

西船人「畏つて候。

東船人「いかに此屋の内へ案内申し候。

ワキ「案内申さんとはいかなる人にて候ぞ。

二人「東国西国の船人にて候が。只今当津へ舟を着けて候。御礼の為に罷り越して候。

ワキ「誠に久しく當津へ御出でなく候所に。東国西国心を合せたる如く。只今當津へ御つきこそ目出度く候へ。扨此間はいか様なる事を御商ひにて候ぞ。

東船人「此間は専ら人を商ひ申候。

西船人「我等も左様の商ひを仕り候。

ワキ「暫く候。古は左様の人商ひもはやりて候へども。上より御成敗正しきにより。惣じて人のあきなひはならず候。餘の事においてはいか様にもちそう申さうずるにて候。

東船人「仰せ尤もにては候へども。當津へ舟をつけ左衛門殿に門出を祝はれ候へば。行末のあきなひ成就仕候程に。御隠密を以て両人に一人づつ下され候へかし。

西船人「われらにも一人下され候へかし。

ワキ「是は迷惑なる事を仰せ候。上より御成敗正しく候へども。色々御理にて候程に。さあらば隠密を以て一人づつ参らせうずるにて候。某久しく召しつかひ候者にて候へども。門出をいはい申さうずるにて候。東国船へは十八なる女の候。是を参らせ候べし。又西国へは十一、二なるわっぱの候。是を参らせ候べし。是は姉弟にて候へども。色々仰せ候程に参らせうずるに候。売券をば文の如くにしたため主に持たせ。御舟へ参らせうずるにて候。

東船人「近頃畏つて候。さあらば浜へ罷り下り。あれにて待ち申さうずるにて候。

ワキ「いつもの如く根芹爪木を取りに参りた

る者はいまだ帰り候はぬか。用の仔細候間とくとく帰れと申し候へ。

三人 一声「うき身には。隙も涙の落ちそひて。袖をほさせぬ。袂かな。

子二人「花のつま木の帰る身は

三人「今日も程なく暮れにけり。

母 サシ「是に出でたる三人の者は。明暮人に身を売りて。常は山野に沈み果てて。親子姉弟の者にて候なり。

子二人「つらつらうき世の有様を見るに。富める者は多かりし。

三人「扨も我等いかなる前世の報いにや。今は田舎の身となりて。身にはよるべのおき處。涙の露も玉かづら。かかる業こそ物うけれ

歌「花の爪木の帰りには。野沢の根芹摘みもちて。住家にいざや帰らん。住家にいざや帰らん。

上歌「春あさき。雪の山辺の末になほ。雪の山辺の末になほ。奥ある峯を越えすぎて。つま木をいざや拾わん。暮れそむる。山のかげ野を行く時は。野沢の水におり立ちて。ともに根芹をつむとかや。ともに根芹をつむとかや。

母「いかにおとどいの者。いつもの如く峯の観音へ参り候べし。こなたへ来り候へ。南無や大慈大悲の観世音は。三十三てんに御身を現じ。十九説法をのべ給へば。子共の現世安隠。

子二人「母が後生をもたすけ給へ。南無大慈観世音。

女子「いかに申し候。はや日の暮れ候程に。急ぎ家路に御帰り候へ。

母「よく申し候物かな。おそく帰らば左衛

門殿の御叱りの有るべし。やがて帰らうずるにて候。

ワキ「根芹つま木とりにやりたる者は未だ帰り候はぬか。

母「さん候。只今帰りて候。

ワキ「何とておそく帰りて候ぞ。

母「今日はいつもより山ふかく分け入り。根芹つま木をおほく取りて候程に。扨おそく帰りて候。

ワキ「ことわりにて候。母はくたびれ候べければ。ふしどに帰りやすみ候へ。姉弟の子共をば召し仕はうずるにて候。

母「あら有り難や候。子共に此由を申さうずるにて候。いかに姉弟の者。左衛門殿の仰せには。母はくたびれ候べければ。ふしどに帰りやすみ。姉弟の子共をば召し仕はるべきとの御事にて候ぞ。

子二人「心得申して候。

ワキ「いかに姉弟の者。こなたへ来り候へ。汝は此状持ち浜へさがり。西国船の舟人を尋ね。此状を渡し候へ。おこともろ共に浜へ下り。此文を持ち東国舟の船人にあひ。此文を渡し候へ。

子二人「何れも御返り事の候べきか。

ワキ「おうよく申して候へども。惣じて舟につゐて。かへると申す事を嫌ひ候程に。返り事はあるまじく候。

子二人「心得申して候。

子「いかに西国船の舟頭殿に申すべき事の候。

西船人「西国舟の船人と申すはいかなる者にて候ぞ。

子「問よりも御状を。持ちて参りて候。

急ぎ参り御みやづかひ申し候へ

西船人「是は状にてはなし。御前を此舟に買ひ取りたる其売券にて候ぞ。急ぎ舟に乗り候へ。

女子「いかに東国舟の船頭殿に申すべき事の候。

東船人「東国舟の船頭と申すはいかなる者にて候ぞ。

女子「問より御文を持ちて参り候。

東船人「是は文にてはなきぞ。汝を此舟へ買ひ取りたる其売券にて候ぞ。急ぎ舟にのり候へ。

女子「いや左衛門殿は左様には仰せ候はぬものを。

東船人「汝は某をうたがひて申し候か。さあらば此文を開いて聞かせうずるにて候。近うよりて聞き候へ。何々売り渡す人の事一人。ていればあざなしせんくわう女。右此女は。ばいとくさうてんたりといへども要用の仔細あるにより。東国船の船頭に売り渡す所実正なり。向後の証文のため売券の状件の如く。享応三年八月日越後の国直江の津と。問の左衛門惟介はん、これが文にてあるか。

女子「悲しやな今迄は親子三人候ひしが。扨自からは母に離れ。なにとなるべきぞや。あら悲しや候。

東船人「歎きても詮なき事にて候ぞ。急ぎ舟にのり候へ。

母「いかに左衛門殿に申すべき事の候。

ワキ「何事にて候ぞ。

母「姉弟の者をいづかたへ召し仕はれて候やらん。おそく帰り候よ。

ワキ「こなたへ来り候へ。おそく帰る仔細を語つて聞せう。扨も汝親子三人をば高直にて買ひ取りて候に。奉公をば無沙汰にいたし。明けても暮れてもみねの観音谷の観音とて佛詣のみにて日を暮らし候程に。いたづら者を置きては無役と思ひ。おとどいの子共をば。東国西国の舟へ売り渡して候程に。此世の対面は叶ふまじきにて有るぞ。

母「なう何とおとどいの、子共をば。東国西国へ売り渡し給いたれば。比世の対面な叶ふまじきと、仰せ候か。あら悲しや候。たとい自らこそ科ある身にて候とも。

地「久しくなれし老身に。我子を見せてたび給へ。そもやいつの世に。又逢ふべきぞ悲しや。

ワキ「心つよく売りては候へども。母にくどきたてられそぞろに落涙仕り候。此上は汝を浜へつれてさがり。今一度子共に対面させうずるにて候ぞ。心やすく思ひ候へ。

母「あら嬉しや。やがてて参らうずるにて候。

ワキ「いかに東国西国の舟に案内申し候。

船人二人「東国西国舟とはいかなる人にて候ぞ。

ワキ「某が参り候。最前は御約束の如く。一人づつ参らせて候が。いずれも御請け取りにて候か。

船人二人「中々の事いづれもうけとり申して候。近頃かしこまり候。

ワキ「それにつき只今参り候事余儀にあらず。かの者をば久しく召し使ひ候へども。ねんごろに承り候聞せまゐらせ候。然ればかの者の母余りになげき候程に。是迄召しつれて参り候。舟の大法をも存じて候へども。子共が母に対面させられて給わり候へ。

東船人「仰せの如く舟の大法をも御存知にて候。左衛門殿是迄御出でにて候程に。対面させ申さうずるにて候。

西船人「我等も対面させ申さうずるにて候。

ワキ「近頃畏つて候。母に此由申しきかせうずるにて候。いかに母。舟人に申して候へば。舟人同心にて候間。子共にあひ候へ。いかに子共。母にあひやがて舟にのり候へ。

母「いかにおとどいの者。母が参りて候ぞ。

子二人「なう母御。

くどき
母「悲しやな今迄は親子三人候ひしが。或は筑紫或は東国にうられ行く。明暮の母がさびしさ。扨母は何となるべきぞや。あら悲しや候。

ワキ「母子共にあひ候うて泣きなげき候事。近頃哀なる事にて候。この上は母にもいとまを取らせよろこばせばやと思ひ候。いかに母。なんぢが歎きところもっともにて候程に。母にも暇をとらすべし。おとどいの子共に附きそひ。いづくへも行き候へ。

母「是は誠にて候か。あら有り難や候。命候はば又も参り御宮仕ひ申し候。

ワキ「いやそれ迄も候はぬぞとくとく行き候へ。

母「いかに姉弟のもの。左衛門殿のおほせには。母にも暇をたまはり。おとどひの者につき添い。いづくへも行けと仰せ候。なんぼう有り難き事にて候ぞ。

女子「あら嬉しや。自らが船はこの舟にて候。この此舟に召され候へ。

子「いやこの舟に召され候へ。

母「あら悲しや。母はただおとどいの者にそふべきと思へば。げにも東国西国にて有りけるぞや一人に添はば一人の恨みあるべし。あらはからひぐるしの母が身や。あらはからひぐるしの母が身や。

女子「いや弟は男子なれば成人の後はともかくも成るべし只今この舟に召され候へ。

子「是はあねごの仰せとも覚えぬ物かな。姉として弟をはごくむ心のなかるべきか。只此舟に召され候へ。

母「春の風に綻び。散る花も次第階級前後にあり。開落既にことならず。

女子「秋の夜の月にさへぎる浮雲も。風に遅速の有るなれば。いかでか風情定むべき。

母「あねは女子にてむつまじく。弟は愛子と不便なり。いづれをいづれと今更に。

地「案じ分けたる方もなく。母が心のあはれさを。何にたとへん朝ぼらけ。漕ぎ行く舟に離れじと。姉弟の子に取りつきて。泣くより外の事はなし。泣くより外の事はなし。

東船人「斯く休らひて叶はじと。三人が中を引き分けて。舟をえいやと押しいだす。

母「母はあまりの悲しさに。泣けども更にかなはず。

子「子は舟ばたに立ちあがり。母の方をぞ招きける。

東船人
西船人「なさけも知らぬあき人は。母に子共を見せじと。舟の中にぞ隠しける。

母「などしもさぞな有明の。心渚の濱千鳥。鳴くをあはれと思へかし。

地「昔松浦のさよ姫が。唐土船をしたひわび。

母「ひれふるのべの石となる。

地「松浦の浦風迄も立ちへだて。互の跡も
　遠くなれば。
母「母は涙にかきくれて。招けど更に叶は
　ず。
地「遠浦の帰帆かすかにて。島隠れにもな
　りしかば。
母「母が命も是迄とて
地「潮にひたし身をなげきて。底のみくづ
　と成りにけり。底のみくづと成りにけり。
所の人「これは問の左衛門殿に使え申す者にて
　候。只今はかの御母ならびに姉弟の人、
　誠に哀なる御事にて候。我らもそぞろ
　に落涙仕りて候。かの御母、常は峰
　の観音をご信心なされ、毎日歩みを運
　ばれ候事、返す返す殊勝なる事にて候。
　我らも御心には至らねども、かの観音
　に歩みを運び申し候故。かの観音の御
　力を頼み、御母の弔いと姉弟の富貴を
　祈らばやと存じ候。また観音な三十三
　転に身を変じて。その御心を婆藪仙人
　に命ぜられ。人々をあまた御救い給ふ
　とかや申し候程に。かの観音の御告げ
　をもって。婆藪仙人に救いを願はばや
　と存じ候。
歌「いかに観世音。かの御母のご菩提、ご
　姉弟の富貴を御願い申す。また婆藪仙
　人のもって急ぎ御救い申すべき事、心
　中請願申す。
地「萬の仏の願よりも。千手の誓ひたの
　もしや。我に年頃歩みをはこぶ。慈悲
　の母をたすけんとて菩薩眷属具足して。
　是迄やうがうなりたるなり。
後シテ婆相「ただ頼め。しめぢが原のさしも草。我
　世の中にあらんかぎりは

地「いかに婆相天。母をば弘誓の舟にうかべて。佛処に送り。二人の子共をば富貴の家にほこらせ候へ。

シテ「かしこまって候。

地「婆相天仰せ承り。虚空にあがりかの子共をば富貴の家にほこらせ。母をば弘誓の舟に浮かべて佛処に送る。

シテ「そこまでも沈みや果てん月影の

地「浮きてや波にながるらん

キリ

地「大慈大悲の誓ひには。大慈大悲の誓ひには。かかる木草も忽ちに。花咲き実なる如くに死したる者はよびかへて猛火に沈む鬼には。ひやくを與へ給へり。ひやくを與へ給へり。其身貧しき者には。壽福成就たるとかや。たねんのほのほは明王の。けらくのかどにほこる事。されば観音の誓ひには。若我誓願大悲中。いちにんふしやうにょうぜぐわん。いかでか己れを洩らすべきと。母をば弘誓の舟にうかべて。仏處に程なく送りつけまた二人の子共をも。富貴の家にほこる事。偏に即ち観世の。誓ひの程こそ有難けれ。

（平成十一年十月九日、上越文化会館大ホールで上演された「婆相天」上演詞章より。主催：婆相天復曲上演実行委員会／共催：上越市・上越市教育委員会）

薩摩若太夫　正本（横山町二丁目　和泉屋永吉　板）
説経祭文　三庄太夫　五　船離段　下

若太夫直伝

（こちらを向いては）
ぺろりと舌を出す
御台所
「これは、これは、山岡殿
別れが悲しゅうのうて
何といたしましょう
宿元《やどもと》へ戻られてあるならば
御内室へも宜しう、伝えて下され、これ兄弟、
山岡殿は、直江が浦へ戻らっしゃるとある
暇乞いを申しやいのう」
御台の仰せにご兄弟
宇和竹局、諸共に
「さすれば最早、主様《あるじ》
直江へ戻らせ給うとや
お名残惜しや」と、主従が
涙に暮れての暇乞い
横着者の山岡は
「いつも別れは、同じ事
これこれ、二人の若い者
気をつけて、お客を送って参らせよ
しからばお別れ申すべし
さらば、さらば、」
と、山岡が、小舟を乗り回し
直江を指して漕ぎ戻す
佐渡、宮崎の船頭《ふなおさ》も
腕に任せて、艪を立てて
沖の方《かた》へ漕いで行く
丹後の宮崎、声を掛け
「これ、佐渡、
いつまで、漕いだ迚《とて》、果てしが無い

何ともう、ここらで、やらかそうじゃないか」
次郎、聞いて
「成る程、宮崎が言う通り
いつまで漕いでも同じ事
そんならもう、ここいらで、やらかそう」と
言うより早く、相、舫い、解けば二艘のその船は、
右と左へ別れける
御台は、はっと驚いて
佐渡の次郎に取り縋り
「これこれ、申し、船頭殿《ふなおさ》
あの兄弟が乗る船も
妾《わらわ》が乗りしこの船も
ひとつ湊へ、行くものを
何故、東西へ漕ぎ分ける
あの船、これへ
この船、あれへ」
と、焦らるる
佐渡の次郎は、これを聞いて
「可哀や、老いぼれ
おのれ、何にも、知らぬな
あれ、たった今、直江が浦の戻った、山岡
太夫権藤太
ありゃ、人勾引の大名人
則ち、山岡が元より
おのれら二人《ににん》は
この次郎が二貫づつ四貫文で買い取って
佐渡ヶ島へ連れて行く
又、あれなる兄弟の餓鬼共は
四貫づつ八貫で買い取って
丹後の国へ連れて行く
何にも知らぬ老いぼれ
佐渡と丹後へ行く船が
どうしてひとつに漕がりょう」と
空嘯《そらうそぶ》いて、漕いで行く
御台は、直しも、驚いて
「さすれば、直江の山岡が

我々四人を、謀《たばか》って
二艘の船へ売りしとや
こは、何とせん、宇和竹え」
「御台様よ」
とばかりにて
わっと斗に、どうと伏し
狂気の如くの御《おん》嘆き
何、思いけん御台様
涙の御《おん》顔、振り上げて
「これのう、船頭殿《ふなおさ》
売られ、買わるる、我々は
定まる前世の業縁《ごうえん》と諦めも致そうが
あれなる二人《ふたり》の兄弟に
ここで別れて、いつが世に
又、会《お》う事は、知れ難し
只、この上の情けには
あの兄弟が乗る船と
妾が乗りしこの船を

ひとつ所へ漕ぎ寄せて
親子一世の行き別れ
名残を惜しませ給われ
船頭殿《ふなおさ》」
と、ありければ、次郎、聞いて
「すりゃ、何とぬかす
売られ、買わるる我々は
定まる前世の業縁と
諦めもしよう？
成る程、こりゃ、いい諦め、去りながら
あれなる二人の兄弟に
ここで別れて、いつか、世に
又、会う事がしれぬ
此上の情けには
あの船と、この船を、
ひとつ所へ漕ぎ寄せて
親子、一世の名残を惜しませてくれ？
おお、そのくらいなことは、まだ安め、

追ってくりょう
吠えずとそこに、待ってけつかれ」と
つっ立ち上がり、外海府（※佐渡の次郎のこと）
「やあい、宮崎、その船、返せ」と
艪を押し切って漕いで行く
なんなく船を、漕ぎ寄せて
「これ、宮崎
おのしが船を呼び返したは、別では無い
この老いぼれめらが、ぬかすには
売られ、買わるる、我々は
定まる前世の業縁と、諦めもしようが
二人の餓鬼めらに、ここで別れて
いつが世に、又会うことが、知れぬから
此上の情けには
その船と、この船を、ひとつ所へ漕ぎ寄せて
親子一世の生き別れ
名残を惜しませてくれと
ひたすらの願い
その位な事を、厭う次郎じゃないが
おりゃ、この年まで
親子一世の生き別れとやらを
見たことがねい
何と、宮崎
おのしと俺と
煙草でも飲みながら
こいつらが、生き別れの哀れな所を
見物しようじゃないか

説経祭文　三庄太夫　六　筐贈段

さればにや、是はまた
宮崎、聞いて
「成る程、こりゃ、面白かろう
そんなら、おのしと俺と
こいつらが、生き別れの愁嘆

ゆるりと、見物しましょう」と
またもや、船を舫《もや》われて
情けを知らぬ、船頭《ふなおさ》が
煙草飲み付け
艫《とも》の方に、大あぐら
煙を空に燻《くゆ》らして
空嘯いて、居たりける
物の哀れは、御台様
宇和竹局に誘われ
丹後の船に乗り移り
ご兄弟の方々を
右と左に引き寄せて
急き来る涙を押し留め
「これ、兄弟
たった今、直江が浦へ戻った
山岡太夫権藤太
ありゃ、情けの者と、思いしに
人勾引《かどわかし》にてあったぞいのう

我々四人を謀って、
二人《ふたり》の衆に売りしとある
自らや宇和竹は、佐渡ヶ島
そなたら二人は、丹後の国へ
売りしとよ
さすれば、これが、生き別れ
例え、何処《いづく》へ行けばとて
鳥の鳴く音は、同じ事
兄弟仲良く、睦まじく
如何なる事のあればとて
短慮な心を致しゃるな
死は一旦にして、遂げ易し
生《しょう》は、万代にして受け難し
命さいだにあるならば
又、会《お》う事もあるべきぞ
弟に短慮のある時は
母に代わって、姉の姫
弟へ意見を致すべし

姉に短慮のあるならば
年は行かねど、弟《おと》の若
父上様に成り代わり
姉へ意見を致すべし
必ず、必ず、兄弟よ
母が詞《ことば》を忘るるな
せめては、形見を送らん」と
涙ながらに、御台様
守り袋を取り出だし
「これ、兄弟
この守り袋の内には
家代々の御《おん》守り
伽羅梅檀の地蔵尊
兄弟、何処《いづく》へ行けばとて
肌身離さず、朝夕、随分、信心しや
兄弟が身の上に、
自然大事のある時は
御《おん》身代わりに立ち給う

まった、きょじ（凶事）、災難は
救わせ給う、地蔵尊
これは、姉への形見の品
この一巻、こりゃ、岩城の系図
弟への形見の品
これが無くては、出世はならぬ程に
必ず、人手に渡しゃるな」
形見を送ればご兄弟
「母上様や、宇和竹に
ここで別れて、我々が
誰を頼りに致すべし
あの船頭に願いつつ
母上様と諸共に
佐渡へ連れさせ給われい
離れはせじ」
と、取り縋り、歎かせ給えば、宇和竹も
「如何なる事のあればとて
年端も行かざる御兄弟

何処《いづく》へ離してあげらりょう
離れはせじ」と、主従が
互いに取り付き縋り付き
わっとばかりに声を上げ
消へ入るばかりの御嘆き
目も当てられぬ有様を
宮崎、それと、見るよりも
「これ、佐渡
なんだか、俺りゃ
おかしな心持ちになってきた
こんな事は、長とく聞きものではない
もう、いい加減に、引き分けて
行こうじゃあ、あるまいか」
次郎、聞いて
「成る程、宮崎が言う通り
いつまで、聞いても
果てしが無い
そんなら、もう引き分けて、行きましょう

さあ、来い、失しょう、おいぼれめ」
と、御台所と宇和竹を
襟筋《えりすじ》掴んで、引っ立てる
「離れはせじ」と、取り縋る
「しつこい奴ら」と、言うままに
無理や無体に引き分けて
手早く、おのれが船に乗せ
舫いを解いて、突き放せば
船は、左右へ別れける
主従親子の方々は
「母上様い」
「宇和竹、いのう」
「兄弟よ」
「御兄弟」と
小縁に縋り、声を上げ
呼べど叫べど、情けなや
船は、浮き木の事なれば
次第次第に遠ざかり

直江が浦の朝霧に
主従、親子、今は早や
姿、貌《かたち》も見えざれば
わっとばかりに声を上げ
狂気の如くの御嘆き

説経祭文　三庄太夫　七　宇和竹恨之段

さればにや、これはまた
何、思いけん、宇和竹は、居直って
御台様の前《まい》へ両手を突き
「申し、御台様
思えば思えば、憎っくき
直江の山岡
宇和竹、つくづく考えみまするに
あなた様と諸共に
佐渡ヶ島とやらへ売られ行き
三代相恩のご主人の
朝夕の御難儀を
家来の身として、宇和竹が
見まするも、法義《ほうぎ》にあらず
只、この上は、自らに
永《なが》のお暇を給われ」と
言うより早く、宇和竹は
海へざんぶと身を投げる
御台は、はっと驚いて
「えい、情け無い、宇和竹よ
そなたばかりが、死なずとも
何故《なぜ》、自らをも、連れざりし
供に、入水《じゅすい》」
と、立ち上がれば
次郎は、慌てて、抱《いだ》き止め
「どっこい、そうは参らぬ
たった今、山岡が元より
二貫づつ、四貫に

買いたてほやほや
一人《ひとり》、飛び込まれて
二貫の損耗《そんもう》
その上又、おのれに飛び込まれてたまるものか
こりゃ、こうしては、置かれぬ
どれ、ひっ括《くく》してくりょう」と
何の厭いも荒縄の
舫いを解いて、高手小手に括《くく》し上げ
中舟梁に猿繋ぎ
腕に任せて、艪を立てて
佐渡ヶ島へと漕いで行く
それはさて置き、その時に
遥か沖より、水煙り
逆波立って、荒れ出だし
黒雲、しきりに舞い下がり
震動雷電霹靂神《しんどうらいでんはたたがみ》
雨は、車軸を流しける
女の一念恐ろしや

かの宇和竹が怨霊は
二十尋あまりの大蛇と、
忽ち現われて
九万九千《くまんくせん》の鱗に、水をいららけて
角を、かぼくと振り立て
大の眼《まなこ》を怒らして
実《げ》に、紅《くれない》の舌を巻き
逆巻く波を掻き分けて
浮いつ、沈んず、沈んず、浮いつ
直江へ戻る山岡が
跡を慕うて、かの大蛇
雲に紛れて飛んで行く
其の時、山岡権藤太
直江、間近くなりけるが
後《あと》振り返り、見るよりも
宇和竹大蛇と、夢知らず
「こは、叶わなじ」と
言うままに

板子の下へ潜り込んで
除《よ》く気《げ》は微塵もあらざりし
例え、大蛇に飲まれても
この十二貫は、放さぬと
しっかと押さえ、
「桑原、桑原、万歳楽」
と、言うままに
がんな、がんな、がんな、震えて
宇和竹大蛇は、大音に
「おのれ、にっくき山岡め
大切なりし、ご主人を
よくも謀り、売ったりし
思い知らせん山岡」と
聞くより山岡、驚いて
板子の下より、首を出し
「これこれ、申し、宇和竹様
大蛇様
売ったが、お腹が立つならば

まだ十二貫は、ここにある
取り返して、しんじょうから
命は助けて下され」と
がながな、震えて居たりしが
何かは以てたまるべき
山岡、乗ったるその船を
きりり、きりりと、巻き壊し
中なる山岡、掴み出し
宙にも引き立て、宇和竹が
ずんだずんだに引き裂いて
海の水屑となしにけるは
小機微《こきび》良くこそ見えにける
元の起こりは、直江にて
宿貸さざる、恨みとて
直江千軒、荒れ渡る
誠に、昼夜の分かち無し
千軒の者共内より
名誉の博士をもって、占わせ、見るに

入水なしたる局、宇和竹が怨霊と
易《えき》の表に現わるる
せめて、祟りを鎮めんと
早々《そうそう》、浜辺に祠《ほこら》建て
宇和竹大明神と、ひとつ社の神に勧請す
昔が今に至るまで
北陸道《ほくろくどう》は、北の果て
越後の国、直江千軒の鎮守
宇和竹大明神、これなりし
人は一代、末世に残るは、宇和竹社《やしろ》なり

（※以下、略）

（和光大学人文学部紀要第二六号、二七号、一九九一年に掲載された荒木繁氏の翻刻を元に、渡部八太夫が読み易く、改行、読点をほどこし、漢字を当てた）

越後瞽女段物

祭文松坂　山椒太夫

舟別れの段

一段目

さればによりては　これにまた
いずれに愚かは　あらねども
よき新作も　なきままに
安寿《あんじょ》の姫に　ちし王丸
舟《ふな》別れの　哀れさを
事はこまかに　知らねども
あらあら誦《よ》み上げ　たてまつる
佐渡と丹後の　人買いが
沖の方《かた》へと　急がるる
はや沖中《おきなか》にも　なりぬれば
佐渡の次郎が　声をかけ
（詞）おおい宮崎。いつまで漕いでも果てしがない。もういい加減にして引き分けようじゃあるまいか。なるほど、次郎どんの言わるる通り、いつまで漕いでも果てしがない。もういい加減にして引き分けようと
舫《もやい》をすっぱと　切り離し
舟は左右へ　別れける
御台《みだい》ははっと　驚いて
これのういかに　舟長《ふなおさ》どの
あの姉弟《きょうだい》の　乗る舟と
妾《わらわ》が乗りし　この舟と
ひとつ湊《みなと》へ　着く舟が
なぜに左右へ　分かれます
あの舟これへ

この舟あれへと　馳せらるる
それでも末には　舟長《ふなおさ》どの
ひとつ湊《みなと》へ　着くかえの
佐渡の次郎が　聞くよりも

（詞）なんとやな、老いぼれ。うぬれら何も知りおらんな。たったいま直江へ戻りし、山岡太夫権《たゆうごん》当《とう》、あれ情けの人と思いしか。ありゃ人かどわかしの大名人。うぬれら老いぼれ二人《ににん》を、この佐渡の次郎が買い取って、佐渡が島へ連れて行く。あれなるふたりの餓鬼どもが、丹後の宮崎が買い取って、丹後の国へ連れて行く。佐渡が島へ行く舟と、丹後の国へ行く舟と、どうしてひとつに漕がりょうと

腕にまかせて　漕ぎ出だす
御台《みだい》はなおも　驚いて
これのういかに　うば竹《たけ》よ
たったいま直江へ　戻りし
山岡太夫　権当が
あれ情けの人と　思いしが
人かどわかしで　あったとや
そなたわたしを　もろともに
佐渡が島へ　売るとある
あれなるふたりの　姉弟《きょうだい》が
丹後の国へ　売るとある
のううば竹《たけ》と
言わんとせしが　胸せまり
声より涙が　先に立つ
その座へどっと　泣き沈み
ようよう涙の　顔上げて
これのういかに　舟長どの

売られ買わるる　われわれが
定まる前世《ぜんせ》の　悪縁と
あきらめも　致そうが
あれなるふたりの　姉弟《きょうだい》に
ここで別れて　いつが世《よ》に
また逢《あ》うことかは　知れがたし
ただこの上の　情けには
親子一世《いっせい》の　生き別れを
名残り惜しませ　たまわれば
佐渡の次郎が　このときに
（詞）なんとやな、老いぼれ。売られ買わるるわれわれが、定まる前世の悪縁と諦めも致そうが、あれなるふたりの餓鬼どもに、ここで別れていつが世に、また逢《お》うことかは知れがたし。ただこの上の情けには、親子一世の生き別れをさせてくれいとな。おりゃ、そのくらいの休みをうってくりょう。泣かずにそれに居やがれと
つっ立ち上がり　次郎衛門
舟のこべりに　立ち上がり
（詞）おおい宮崎。その舟こちへと呼び戻す
呼び戻されて　宮崎が
舟をひとつに　漕ぎ寄せて
舫《もやい》をしっかと　くくし付け
佐渡の次郎が　この時に
（詞）おおい宮崎。おぬしを呼んだは別でない。こいつら老いぼれのぬかすには、売られ買わるるわれわれが、定まる前世の悪縁と、諦めも致そうが、あれなる

ふたりの餓鬼どもに、ここで別
れていつが世に、また逢うこと
かは知れがたし。ただこの上の
情けには、親子一世の生き別れ
をさせてくれえとぬかすゆえ、
おりゃ、そのくらいのことを厭
う次郎ではないが、おぬしとお
れで一服やらかし。こいつら親
子一世の生き別れを、見物しよ
うじゃあるまいか。
なるほど、次郎どんの言わるる
通り、おららもこの年月《としつき》まで、
親子一世の生き別れとやらの愁嘆
を、ついにいっぺんも見たこと
はない。さらば見物いたさんと
情けも知らない　舟長が
まずは艫《とも》のまに　高あぐら

火打ち取り出し　打ち点けて
空へ煙りを　くゆらせて
そらうそぶいて　見物す
ものの哀れや　御台さん
うば竹局《つぼね》に　手を引かれ
丹後の舟へと　乗り移り
安寿《あんじょ》の姫に　ちし王丸
右と左に　抱《いだ》き寄せ
これのういかに　姉弟《きょうだい》よ
たったいま直江へ　戻りし
山岡太夫《たゆう》　権当《ごんとう》が
あれ情けの人と　思いしが
人かどわかしで　あったとや
この母《はは》うば竹　もろともに
佐渡が島へ　売るとある
そなたら姉弟《きょうだい》　情けなく
丹後の国へ　売るとある

のう姉弟《きょうだい》と
言わんとせしが　胸せまり
声より涙が　先に立つ
またもその場へ　泣き沈む
これのういかに　姉弟《きょうだい》よ
そなたらいずくへ　行けばとも
鳥の鳴く音《ね》が　同じこと
人に出過ぎを　申すなよ
短慮の心も　起こすなよ
姉弟《きょうだい》仲良く　睦《むつ》まじく
姉は弟《おとうと》　あわれみて
弟《おと》は姉を　敬うて
姉に短慮の　あるときは
歳《とし》はゆかねど　弟《おと》の若《わか》
父上様に　成り代わり
姉に意見を　致すべし

弟《おと》に短慮の　あるときは
姉が母に　成り代わり
弟《おと》に意見を　致すべし
そなたらいずくへ　行けばとも
安寿《あんじょ》ちし王と　名乗るなよ
五十四郡も　語るなよ
父上様の　名の恥辱
名乗らざかなわん　その時は
乳母《うば》が里と　申するは
信夫《しのぶ》が里にて　候えば
これを名乗れと　御台さま
返す返すに　言い聞かす
懐中《かいちゅう》よりも　御台さま
何やらひと品《しな》　取り出だし
これのういかに　弟《おとうと》よ
これなる一巻《いちかん》と　申するは
岩城《いわき》の家の　系図なり

これが無ければ　出世ができぬ
これがそちへの　形見ぞと
弟《おとと》の衿《えり》に　掛けさせて
必ず人手に　渡すなと

さて皆様にも　どなたにも
あまり長いも　座の障《さわ》り
これはこの座の　段の切れ

二段目

ただいままでの　段のつぎ
守り袋を　取り出だし
これのういかに　安寿《あんじょ》よ
これなる守りと　申するは
岩城《いわき》代々　御《おん》守り
佉羅陀山《きゃらだせん》の　地蔵様

そなたらいずくへ　行けばとも
肌には離さず　朝夕《あさゆう》の
信心致す　ものならば
もしそなたらの　身の上に
自然大事　あるときは
御身代わりに　立ちたもう
悪事災難　よけたもう
これがそちへの　形見ぞと
必ず人手に　渡すなと
姉の衿に　掛けさせて
これが親子の　生き別れ
母の顔も　見置かれよ
そなたら二人の　その顔も
母によくよく　見せてたべ
のう姉弟《きょうだい》と
言わんとせしが　胸迫り
声より涙が　先に立つ

その座へどうと　泣き沈み
うば竹局《たけつぼね》が　見るよりも
年端もゆかぬ　ご姉弟《きょうだい》
いずくへ離して　やらりょうと
共に涙に　伏し沈み
佐渡の次郎が　見るよりも
（詞）おおい宮崎。こんなことを長《なが》と見ている事ではない。俺もどうやら、うつ泣きになった。もういい加減にして引き分けようじゃあるまいか。
成るほど、次郎どんの言わるる通り、こんなことを長《なが》と見ておる事ではない。俺もどうやら涙が出てならぬ。もういい加減にして引き分けようと
すっくと立って　舟長《ふなおさ》が
衿筋《えりすじ》むんずと　かいつかみ
ご姉弟《きょうだい》が　とりすがり
申し上げます　母様へ
あの舟長を　頼まれて
われわれ姉弟《きょうだい》　もろともに
佐渡へ連れさせ　たまわれと
すがり嘆かせ　たまわれば
宮崎それと　見るよりも
しゃ面倒なる　餓鬼どもと
衿筋つかんで　引き離す
もののあわれや　御台さま
丹後の舟を　立ち上がり
佐渡が舟へと　乗り移り
思い溜めたる　ため涙
一度にどうと　伏し沈み
直江が浦の　朝霧に
姿かたちも　見えざれば

のう姉弟《きょうだい》と
呼ばわりたまえば　あちらでも
母上様えの　うば竹と
互いに呼びつ　呼ばわれつ
なれども舟が浮木《うきき》の　ことなれば
主従《しゅうじゅ》四人の　方々も
次第次第に　遠ざかる
何思いけん　うば竹が
起き直って　涙を払い
（詞）申し、お御台さま。三代相恩《そうおん》の
御主人さまと、佐渡が島へ買い
取られ、朋輩《ほうばい》の身となって、朝
夕ご苦労ご難儀あそばすを見て
いまするも法《ほう》ならず。長《なが》のお暇《いとま》
たまわれと
直江が方《かた》を　はったと睨み
おんのれ憎き　山岡が

いまにも思い　知らせんと
はったと睨んだ　有り様は
身の毛もよだつ　ばかりなり
舟のこべりに　立ち上がり
海へざんぶと　身を投げる
それ見るよりも　御台さま
ちい無念や　口惜しや
ても胴慾《どうよく》な　うば竹と
この身も共にと　言うままに
舟のこべりに　立ち上がる
佐渡の次郎が　見るよりも
（詞）いやいやどっこい、そうは参ら
ん。たった今、山岡よりも買い
たてのほやほや。一匹飛び込ま
れて、二貫の損がたつ。また己
れまでも飛び込まれてたまるも
のかと

何のいといも　荒縄で
小手《こて》を高みに　いましめて
中舟梁《なかふなばり》に　くくし付け
腕に任せて　漕ぎ出だす
遥か沖を　見渡せば
大風《たいふう》がさっと　吹き来たる
震動ないりに　鳴り渡る
白浪だって　荒れ出だす
たちまち今は　うば竹が
額《ひたい》にかぶくと　角を振り
総身《そうみ》は
九万九千の　うろこ逆《さか》立ち
眼《まなこ》は日月《にちげつ》の如く　光輝いて
げに紅の　舌を巻き
口より火焔を　吹き出だし
逆巻く浪を　押したて蹴たて
浮いつ沈みつ　沈みつ浮いつ

ばらばらばっと　水煙り
逆巻く浪を掻き分け　掻き分けて
直江へ帰る　山岡を
後を慕《しと》うて　追っかけ行く
山岡それと　見るよりも
うば竹大蛇と　夢知らず
こは不思議なる　荒れごとと
板子《いたご》の下《した》へと　もぐり込み
万歳楽《まんざいらく》桑原　桑原と
がながな震えて　居たりける
かかる所へ　うば竹が
たちまち舟へ　追いついで
半段《はんだん》ばかりも　引き戻し
宙《ちゅう》へ引き上げ　このときに
七重八重と　巻き絞めて
板子の上へと　頭《かしら》を上げ
（詞）おんのれ憎き山岡太夫権当め。

よっくも、われわれ四人を謀《たばか》り
しぞえ。女でこそあれ、うば竹
が、いまこそ思い知らせんと
山岡それと　聞くよりも
うば竹様えの　大蛇様
うたてお腹が　立つならば
十二貫はこれに　有りまする
取り返して　あげましょう
命をお許し　たまわれと
両手を摺りて　詫びにける
なにがうば竹　聞き入れず
宙へ引き上げ　引き下ろし
ぎりりぎりりと　からみつき
舟を微塵に　巻きこわし
ずんだずんだに　引き裂いて
底の水屑《みくず》と　なりにける
小気味《こきび》よくこそ　見えにける

さて皆様にも　どなたにも
ことはこまかに　知らねども
これまで誦み上げ　たてまつる

──「山椒太夫」末尾──

（板垣俊一著『越後瞽女唄集──研究と資料』三弥井書店、二〇〇九年、より）

佐渡文弥人形台本
山椒太夫（山本角太夫正本と言われる）
糸井文庫（舞鶴西図書館内所蔵）

「鳴子引きの段」

しんあればとく有。がたきちかいの。うみや〳〵へだゝりし。さとが嶋と申せしは。北ろく道をはなれたる。おきの小嶋に母うへはうられてこゝ《（爰）》にぞおはしける。いたはしや明くれと只兄弟の御事を。こひしゆかしと斗にて終に両がんなきつぶし。さもあさましきふぜいなれば。あはの鳥おふやくをうけ。』千で《（町）》うがはたをあなたこなたと。よろぼひ廻りなるこのつな引わづらふてぞなき給ふ。

心もあらぬはた打をのこ。草かる女がとをりかゝり。ヤァいつものもうもくが鳥をひに出て有ル。はなぶつていざやわらはんと立より。こりや〳〵もふもく。いつものごとくおもしろふ。鳥をおふてきかせよこひしき人にあはせんといへば母うへ涙と諸共に。ァゝうらめしやみづからは心に思ひの有故に。何をいふ共覚へぬを。恋しき人と聞からになをしましくる我思ひ。さてあねや弟が。いづくのうらにかかいとめられわがごとく鳥をやおひてむねをこがしてあるやらん。ァゝあんじゆこひしやほうやれほうづし王見たやほうやれほう。鳥も心か有ならばおはす共たてあはの鳥となく〳〵なるこを引給ふ。ヤレ〳〵をかしな事をいふ我こそあねよ弟よ。其めをあへ《（け）》てみられよと。てを取なぶれば母上は。何しに我子がこゝへきたらん又々通りのしつ共が。童《わらは》をちやうろふしてけるよな。まふもくのうつ杖とがにはならぬのくまいかとめつた打にうち給へば。ソリヤ〳〵めくらがおこつたはにげよ〳〵

といひすてゝ。笑ふてこそは行てけれ。なをも哀と聞へしはあんじゆ姫にてとゞめたり。みやぎの小八にあい給ひからき命はまぬがれ給へど。じやけんの太夫三郎がつし王殿をおとせしと。せめさいなみしに身もくだかれ御あしもたゝざる故。小八がかたにいたはりて。母ごをうりしは此嶋と山かど《(角)》がいひしを」ちからにやう〳〵いざなひき《(来)》たれ共。しだい〳〵におもりつゝ。今をかぎりとみへ給ふ。たのむかたとてあらざればせんかたなくも小八ら。はたのおぐさがそのうへを。しとねとこ《(爰)》ゝにおろしまい《(参)》らせ。ナフひめぎみさま御心はいかゞわたらせ給ふぞや。御はゝうへのおはします。さどが嶋にて候なり。なにとぞたづねめぐりなば。たゞ《(只)》今にても母うへに。御たいめんあるべきに御心を取なをされよァ、おいとしやなが《(長)》のふなぢ《(船路)》の事なれば。おくすり《(薬)》とては参らせず。しよくじ《(食事)》もかつにおよびしゆへ。何をもつてか御いたみのなをらせ給はんやうもなしおもり給ふも御ことはり。ァ、何とせんいたはしやと。やつれ給ふ御かほ《(顔)》ゝ《(を)》見るよりほかの事ぞなき涙はむねにぞあまりける。いたはしやあんじゆのひめ《(姫)》くるしげ成いきの下よりもヲ、たのもしの小八かなみづからも母上さまに一どまみへてしんだらはみらいも心やすからんに此ていならばたまるまじァ、水がなまつこにあたへてたべたの《(頼)》みまするると有ければ。小八あまりのいたはしさに。おどくとは思ひながら。いかにもまいらせ申べしさいはひ参りし道のべの。しみづ』こそくきやうなれと其まゝ〳〵いそぎはせてげる。

小鳥のあさるあはなれば。いたはしやはゝうへはかくとはしらせ給はずし。又又立あがりなるこを引。ほうやれほう。ァ、あんじゆ恋しやつし王みたやほうやれほう。子共はいつくにうられけんと。なげき給ふ其こゑ。さすがをや子のちぐうにや。かたゑニふせしあんじゆのひめ。見ゝ《みみ》にいるよりこはいかにとおもきまくらをかろくあげみれば恋しき母うへの。御めはしいてつゑをたよりに。小鳥をおはせ給ふてい。ナフ母うへにておはせぬと。たゝんとすれと身のいたみに。あした《足立》ゝされはやうに〱にはいより。もすそに取付て。コレ母うへ様。あんじゆにてさむらふ也。母は御目のしいたるうへの。なげきをいつもしづ共が。なぶるぞと心へて。又さいぜんのやつばらがゆかでわらはをもてあそぶか。めくらのつゑはとがならじ。はなさぬかのかぬかと。わが子としらぬおいのやみ。見へずうたるゝ此つゑにきうしよをうたれあんじゆのひめ。のきもやらずうごきもせず。たへ入給ふぞかなしけれ。かゝる所へ小八郎。水をむすんでかへりしが。此ていをみるやいなやはしりついてみればみだい』さま《様》。こはそもいかにきやうきかや。ナフあね君あんじゆ様にて候ぞやかく申は御めのとうばたけ《姥竹》がせがれ《悴》みやぎの《宮城野》小八め。コハあさましや御め《目》がしゐさせ給ふかや。よしそれとてもひめ君や我らがこはねはわすれ給はじ。アラなさけなやとすがるにぞ。母うへ心や付たりけん何うば竹が一子小八とや。ヤレ今のは誠のあんじゆかやコハそも夢かうつゝかや。ヤレ我姫はいづくにぞと。まどい給ふを御手を引。是にといふてひめ君を。いだきおこしまいらすれば母うへあまりのかなし《悲》さにあんじゆの姫にさぐり付。なふあね姫此母がなれるはてをみて給はれ。いつもわらはが兄弟に。あいたやみたやなげくゆへ。さとのしづをとやかくと。あなどりあそびけふもさき兄弟也といつはりよる。あらつらにくやみづからが。心もしらでなぶるよと。打はらひたる其跡へ。御身が母との給ふを。さきの者ぞと打けるが。誠の姫にて有しよな。悲しやな。おことだちにわかれてより。恋しゆかしとなくゆへか。両がんかやうにしゐふさがり。我子としらで打けるも。此めのみへぬゆへぞかし。ゆるしてたもやあんじゆの姫ヤア〳〵小八なんといふ。姫はきあいがおもいとや。あらおとましやどれどこらかな打』けると。手をふきさすりかほゝ《を》なで。いとをしや思はぬうきめをみ給ふ故。やせあれはて、ほねだかに。ひへいり給ふは。やれ小八。小袖はないかあたゝめよ。是なふあんじゆァ、かほがみたいことじやといだき付。なげかせ給ふぞいたはしき。

今はとみへし姫君も。母のなげきに心つき。やう〳〵こはねを出し給ひ。ァ、有がたき御仰。わらはが命はかくごのまへ。それとても母うへ様にあはではてなばいか斗。よみぢのさはりなるらんに只今おすがたおがむ事。是のみうれしう侍《さふら》ふ也。じやけんの者の手にわたり。兄弟共にしすべきを。あまり悲しく存せし故。弟のつし王を。身にかへおとして侍《さふら》ふ也。其時しするみづからを。ふしぎと小八にたすけられ。さか様ながら母うへに。御いとまごひを申也。わか身のしする命より。母うへ様の両がんの。しゐたる事の悲しやな。頼むぞ小八母様を。よきにいたはり奉り都にだにものぼり給はゞつし王丸にあい給はん。めでたふ世に出給ひなば。ゆらのみなとの山ぢよりわかれし時がこん生の。いとまごひにて有けるぞゑかうをなして給はれと。よきに申てたび給へァ、いとま申て母うへ様。小八さらばぞなむあみだ仏〳〵。もよは〳〵と。おしむべきは花ざかり。十五のあきを』一世とし。終にいきたへ給ひければ母うへ悲しくこゑを上ケャレあねよあんじゆの姫。たま〳〵あひし我をすて何国へとてか行給ふ。是あね姫〳〵よ。

アヽさてもはや身もひへたり。ヤレ小八いきてかいなきみづからをころしてくれよあね諸共。いづちへ成共ゆくべきにしなせてともにやらぬかともだへさけばせ給ひける。理りせめて哀也。小八も涙にくれながら。御なげきは断《ことはり(理)》なれ共。もはやかへらぬ御事也。女性ながらも姫君はあつはれなんし《(男子)》にもまさり給ふ御心。御身をすてゝ弟君を。たすけおとし。御よにあらせん御心ざし申もなか〳〵おろかに候。此御しんていをちからとなされたゞなき人の御ためには御ゑかうにしくはなし扨御しがいをもほうむり申さんがてらはいつくのほど《(程)》やらんもし御存にて候かャアせつしやか母のうは竹は。いづくにかいられ候ととへば。みだいはいよ〳〵しづみいりしばしことばもなかりしがやう〳〵としておき上り。物うきうへにもかなし《(悲)》さの。なをしかさなるわか身かなおことが母のうば竹もみづから

ともにうられきてたばかられたるくやしさとあけくれなげくかやまふ《(病)》となり。つゐにむなしく《(空)》成しゆへ。人を』たのみ《(頼)》てなきがらを。む所に送りてはいとなし。せめてはさうよと其こつを。むねにかけて有けるはこれうは竹のはつこつと出し給へば小八郎。はつと斗になき出し。こは母様か今迄は。姫君諸共おみだい様こなたにあ《(合)》わんを力にて。やう〳〵尋ね来りしにはやこつ仏に成給ふか。是お姫もしなせ給ふ。さき立給ふうへからはめいどでよきにひめ《(姫)》君を頼みまするとかきくどき。こつをばかほ《(顔)》にをしあてゝ。涙にしづみいたりしが。アヽかなはねばこそうきよなれ。なむあみだ仏とゑかふして。先ひめ君の御しがい。よきにほうむり奉らんと。涙ながらに姫君の御しがいをかきおひ。母うへの御手を引てのべの道むしよを尋てあるきしは哀はかなき〳〵（以下、略）

あとがき　この世をめぐる水のように

二〇一六年一〇月下旬、新潟・北書店での三人のトークの原稿に直しを入れて、編集の武秀樹さんに戻すとすぐに、私は沖縄の高江に向かったのでした。高江に着いたその日はもう深夜で、外は真っ暗な闇、星はプラネタリウムのようだ、というのはいかにも倒錯した物言いですが、こんなきれいな星空は初めて見た。旅の宿の前には小川が流れていて、小川のまわりは林で、もちろん闇夜ですから木の影しか見えないのですが、ばさばさと大きな鳥が林を飛び回っている、夜鷹かと思ったら、それはオオコウモリなのでした。

翌日、私は高江のゲート前で座り込んで、機動隊に引っこ抜かれてみたかったのだけど、幸か不幸か、その日は機動隊は数えるほどしかゲート前には現れず、私は座り込みの集団の中から早々と抜け出して、やんばるの森へ、森の中を流れる渓流へ、人々の暮らしを育む風土へ。わずかな時間ではありましたが。

やんばるの森というのは、眺めがなんとも柔らかい。ブロッコリーの森とも呼ばれるそうで、森全体がなにかこうふわふわとしている。この広大な森が沖縄の水源です。人々はこの森に生かされてきた。東村の「山と水の生活博物館」に行けば、今はパイナップル畑とサトウキビ畑ばかりが広がるこの村も、やんばるの森に米軍の訓練場が作られるまではなんと林業の村だったのですね、当時の写真を見れば。これはもう見事に山の民の暮らしです、しかし、米軍の到来とともに暮らしのあり方が根本から変えられてしまった、これはその土地に生きる者にとっては、言葉には尽くせぬほどに大変な出来事です。しかも米軍の訓練場から垂れ流されるようになった化学物質は水源を汚している。

高江での二日目の夜、私は森の中の音楽祭で、高江の人びとが踊るフラダンスを見ました。それはもう、いわゆる観光フラダンスなどとは全く別次元の、大地の神に捧げる実に本格的な歌と踊り。驚いて感動しました、同時に、やんばるの風土から生まれでた大地の神、山の神に捧げる歌と踊りと祈りがきっとあったのだろう、暮らしの形が変わった今もそれは歌い継がれ踊り継がれているのだろうかと、そんなことばかりが気になるのです。

語りとは風土によって育まれるもの、というのは「さまよい安寿」の旅の教えです。風土は歌を育み、祈りを育み、なにより命を育む、そんなシンプルで、なにより根源的なことにあらためて深く気づかせてくれたのも「さまよい安寿」の旅でした。

そして、私は、このところ、この世をめぐる水のことがとても気になっている。高江でもひとり、水はどこ？　水源はどこ？　と人々に尋ね歩き、やんばるの森からずっと南に下って、沖縄本島の東側の海辺の斎場御嶽を訪ねてみれば、御嶽の窟屋の鍾乳石からしたたりおちる聖水に心を洗われる。

こんな話を聞きました。沖縄戦当時、艦砲射撃がはじまると、斎場御嶽のあたりの人びとのなかには、御嶽に逃げ込む者もあり、日本軍についていってさらに南に逃げる者もあり。その結果はたぶんお察しのとおり。水を持たぬ日本軍とともに南に逃げた人びとは生きて帰らず、もっとも根源的なる水のある斎場御嶽に隠れた人びとはみな助かった。「命」と「水」に思いをめぐらすとき、この話ほど象徴的な話はないように私は思いました。それは、「なぜいま語りなのか」という問いにも、実に深いところで結びついている話のようでもあります。

水がないがしろにされているところに命の場所はない。

水なきところには語りもない。語りの絶えたところ、歌の消えたところ、祈りのないところに、どうして人は生きつづけることができようか。今、私たちが生きるこの世界に、水はきちんとめぐっているのか。

二〇一六年一一月五日、六日と福島で、本文でも触れた人形浄瑠璃「猿八座」による、「山椒太夫」公演がありました。五日は、侍女の姥竹の故郷であるという言い伝えの残る双葉郡広野町。そこは二〇一一年三月一一日の原発事故で大変な被害を被った地域です。六日は安寿と厨子王の旅のはじまりの地とされる信夫の里（現在の福島市）。もちろん福島市内も原発事故が落とした影はかぎりなく深い。

残念なことに私はこの公演に参加することが出来なかったのですが、舞台上で「山椒太夫」を語った太夫から伝え聞いた言葉はまことに印象深いものでした。

「今までのどの場所よりも、福島公演では観客が熱狂して、泣いた。その姿に舞台上で語る自分も感極まった。思うに、あの方々は、今なお行方定まらぬ日々を生きる安寿と厨子王のようにも思われました」

富や力を握る者たちに売られて買われていいように翻弄されて彷徨いの旅を生きる者たちには、時を越えてさまよえる物語がひしと寄り添う。

猿八座福島公演では、それまでの猿八座の上演台本にはなかった「厨子王の信夫の里への華々しい帰還」の場面があったのだそうです。大宰府に流されていた父、佐渡に売られていた母を連れ戻して、立派な輿に乗せて、立派に出世した厨子王が福島へと戻ってくる、そんな場面に会場は湧いたのだそうです。

その土地と人の思いを受けて、こうしてまたひとつ、現代の「山椒太夫」が生まれる。

そう、こんな時代だからこそ、私はまだまだ旅して語って歌って祈って生きていきたいと思うのです。この世をめぐる水のように。

旅の先々で沢山の方々のお世話になりました。旅の道連れ屋敷妙子こと、うーの画伯にもずいぶんと助けられました。お互い得意分野が違うので、互いに互いを面白がる旅でした。新潟日報の森澤真理さんことききゃさりん、高内小百合さんことリリー、新聞連載時にそれぞれに人柄のにじみ出るあたたかい伴走をしてくださいました。編集の武秀樹さんとは、念願かなってようやく一緒に本を作ることができました。

すべての方々に心より感謝申し上げます。

二〇一六年一一月八日

姜 信子

著者紹介

姜 信子（きょう のぶこ）

1961年横浜市生まれ。作家。85年、東京大学法学部卒業。86年に「ごく普通の在日韓国人」でノンフィクション朝日ジャーナル賞受賞。

著書に、『うたのおくりもの』（朝日新聞社）、『日韓音楽ノート』『ノレ・ノスタルギーヤ』『ナミイ！――八重山のおばあの歌物語』『イリオモテ』（いずれも岩波書店）、『棄郷ノート』（作品社、熊本日日新聞文学賞受賞）、『安住しない私たちの文化――東アジア放浪』（晶文社）、『はじまれ　犀の角問わず語り』（サウダージブックス＋港の人）、『生きとし生ける空白の物語』（港の人）、『はじまりはじまりはじまり』（羽鳥書店）、『声――千年先に届くほどに』（鉄犬へテロトピア文学賞受賞）『妄犬日記』（いずれもぷねうま舎）などがある。

屋敷 妙子（やしき たえこ）

神奈川県生まれ。画家。1991-95年、米国、カリフォルニアにてファインアート修学（エル・カミノカレッジ、州立ロングビーチ大学）。

個展（ギャラリー椿・ＧＴ２／銀座ギャラリー中沢／アートガーデン）や、アートフェア（シンガポール／台北／韓国／ニューヨーク）、東日本大震災チャリティー展（ギャラリー椿）などに出品。挿画の仕事として、作家姜信子とのコンビで『イリオモテ』（岩波書店）、『生きとし生ける空白の物語』（港の人）の他、電気幻燈・内田百閒原作「件」（幻燈画制作）も手掛けた。その他、グループ展多数。

平成山椒太夫――あんじゅ、あんじゅ、さまよい安寿

2016年12月22日　第1刷発行

著　者　姜信子・屋敷妙子
発行者　船橋純一郎
発行所　株式会社　せりか書房
〒112-0011　東京都文京区千石1-29-12　深沢ビル
電話 03-5940-4700　振替 00150-6-143601
http://www.serica.co.jp
印　刷　中央精版印刷株式会社
装　幀　木下 弥

©2016 Printed in Japan
ISBN978-4-7967-0361-1